LES SECRETS DES CENTRES ET CIRCUITS

EXPLORER LES 9 CENTRES ET CIRCUITS ÉNERGÉTIQUES DU HUMAN DESIGN

SANDRINE CALMEL

© 2025 SANDRINE CALMEL

www.sandrinecalmel.fr

Édition : BoD · Books on Demand, 31 avenue Saint-Rémy, 57600 Forbach, bod@bod.fr

Impression : Libri Plureos GmbH, Friedensallee 273, 22763 Hambourg (Allemagne)

ISBN : 978-2-3225-4058-7

Dépôt Légal : AVRIL 2025

Tous droits de reproduction et de traduction réservés pour tous pays

---

DU MÊME AUTEUR

- Voyage rebelle à la découverte de soi - Editions Maïa
- Voyage au coeur de la conscience - Editions Maïa
- Les clés de votre nature profonde (HD Tome 1) - Auto édition
- Les secrets des centres et circuits (HD Tome 2) - Explorer les 9 centres et circuits énergétiques du Human Design - Auto édition
- La bible des 64 portes Human Design & Gene Keys (HD tome 3) - Auto édition
- Vibrations quantiques (HD Tome 4) - Elever votre fréquence avec l'Human Design - Auto édition

Découvrez le pouvoir du Human Design et alignez-vous avec votre véritable essence.

SANDRINE CALMEL
EXPERTE EN HUMAN DESIGN & GENE KEYS
FONDATRICE DES REBELLES SACRÉ(E)S®

Sandrine Calmel est une exploratrice de l'âme humaine, une guide lumineuse dans l'univers du Human Design et des Gene Keys. Auteure et formatrice accomplie, elle consacre son œuvre à décrypter les mystères de ces sciences anciennes, offrant à chacun la possibilité de se reconnecter à sa véritable essence.

À travers ses écrits et ses enseignements, Sandrine tisse un pont entre la sagesse intemporelle et les défis contemporains, révélant les trésors cachés en chaque être.

Générateur Manifesteur avec une Autorité Sacrale, Sandrine incarne un dynamisme créatif rare, capable de matérialiser ses visions avec intensité et clarté. Sa connexion intime avec son autorité intérieure lui permet d'agir depuis un espace d'alignement profond, guidant ceux qui croisent sa route vers des choix authentiques et porteurs de sens.

En tant que profil 6/3, Sandrine se distingue par une soif d'apprentissage incessante et une capacité innée à transformer les expériences en sagesses. Ce chemin de l'expérimentateur, parfois semé d'embûches, fait d'elle une mentore ancrée, pragmatique et visionnaire. Chaque défi devient pour elle une opportunité d'évolution, une nouvelle marche vers la maîtrise et la transmission.

L'empreinte énergétique de Sandrine s'exprime à travers dix canaux puissants, témoins de la richesse de son design :

L'**Éveil (10/20)** : Une présence magnétique qui invite à vivre l'instant avec plénitude.
Parfaite Conduite (10/57) : Une intuition tranchante, toujours en quête d'authenticité.
Exploration (10/34) : Une énergie pionnière, toujours prête à expérimenter et innover.
Rythmes (5/15) : Un profond respect des cycles naturels et de l'harmonie du vivant.
Initiation (51/25) : Un courage intrépide pour ouvrir des portes vers l'inconnu et l'amour inconditionnel.
Charisme (20/34) : Une capacité à inspirer et catalyser l'action par sa seule

présence.

Idée de Génie (20/57) : Une fusion rare entre l'intuition et l'action instantanée.

Pouvoir (34/57) : Une force intérieure propulsant ses idées vers la manifestation concrète.

Prodigue (33/13) : Une capacité unique à raconter, à transmettre et à porter la mémoire collective.

Longueur d'Onde (48/16) : Une sagesse profonde alliée à une expression claire et inspirée.

Sandrine incarne la rencontre du spirituel et du tangible. Son rôle dépasse celui de guide : elle est une alchimiste de la conscience, transformant l'ombre en lumière et les doutes en révélations. Sa mission est d'accompagner chacun dans l'exploration de ses propres richesses intérieures, en révélant la puissance et la beauté insoupçonnées qui sommeillent dans les profondeurs de l'être.

Fondatrice des Rebelles Sacré(e)s®, Sandrine invite à un voyage où vulnérabilité et puissance se rencontrent. Elle marche aux côtés de ceux et celles qui osent embrasser leur singularité et rêvent de transformer leur existence en une œuvre alignée et lumineuse. À travers ses formations, ses livres et ses accompagnements, elle est une présence bienveillante, un phare dans la nuit intérieure, rappelant à chacun que la clé du changement réside en soi.

PRÉFACE

Au fil des années, le Human Design est devenu un outil puissant d'exploration intérieure et d'alignement personnel. Lorsque j'ai écrit Voyage au Cœur de la Conscience, mon intention était d'ouvrir une porte vers cette cartographie énergétique unique, en offrant aux lecteurs une vision claire de ce système fascinant.

Avec Les Clés de Votre Nature Profonde, j'ai posé les fondations essentielles : comprendre son Type, son Autorité et sa Stratégie pour naviguer au mieux dans la vie. Mais il y avait encore tant à explorer...

Ce deuxième tome, Les Secrets des Centres et Circuits, est une invitation à plonger plus profondément dans la dynamique énergétique qui régit notre être. Si le Type nous indique comment nous fonctionnons, nos Centres et Circuits nous révèlent comment l'énergie circule en nous et façonne nos interactions avec le monde.

Chaque Centre est un carrefour énergétique qui influence nos pensées, nos émotions et nos actions. Chacun d'eux porte en lui des défis et des forces, selon qu'il est défini ou non. À travers cet ouvrage, vous apprendrez à reconnaître ces influences et à travailler avec elles pour mieux vous comprendre et vous libérer des conditionnements extérieurs.

Les Circuits, quant à eux, forment des réseaux d'énergie interconnectés qui nous relient aux autres et définissent nos modes d'expression et de transformation. Comprendre ces structures permet de saisir nos élans naturels et nos mécanismes de connexion avec notre entourage.

Ce livre a été conçu pour être un guide pratique et évolutif. Vous y trouverez des explications détaillées, des études de cas et des exercices pour intégrer concrètement ces connaissances dans votre quotidien.

Et pour aller plus loin, n'hésitez pas à consulter La Bible des 64 Portes (HD Tome 3), où vous découvrirez en profondeur chaque porte et chaque canal qui animent ces flux énergétiques. Que ce voyage au cœur de vos centres et circuits vous apporte clarté, équilibre et alignement.

Sandrine Calmel
Auteure et exploratrice du Human Design

SANDRINECALMEL.FR

AVANT PROPOS

Le Human Design est bien plus qu'un système de connaissance de soi. C'est une véritable cartographie énergétique, un mode d'emploi qui nous permet de naviguer dans la vie avec plus de fluidité et d'authenticité.

Nous sommes tous influencés par des schémas invisibles, des flux d'énergie qui circulent en nous et autour de nous. Pourtant, la plupart du temps, nous les subissons sans vraiment les comprendre. Pourquoi certaines relations nous nourrissent et d'autres nous épuisent ? Pourquoi nous sentons-nous parfois incompris, bloqués ou en décalage avec notre environnement ?

La réponse réside dans notre configuration énergétique. Nos Centres définis ou non définis colorent notre perception du monde et influencent notre manière d'interagir avec les autres. Nos Canaux et Circuits tracent des chemins uniques à travers lesquels notre essence s'exprime et se réalise.

Dans ce tome, vous découvrirez comment :
- Les Centres définis et non définis influencent vos décisions, votre stabilité et votre relation aux autres.
- Les Canaux énergétiques créent des flux dynamiques entre les Centres et influencent vos talents naturels.
- Les Circuits Collectifs, Tribaux et Individuels modèlent votre manière de contribuer au monde, d'innover ou de préserver des valeurs essentielles.
- Les Définitions (simple, fractionnée, triple…) déterminent comment vous interagissez avec votre environnement et comment vous pouvez combler certains "manques" ressentis dans votre design.

Mon souhait est que ce livre devienne un outil vivant et transformateur dans votre apprentissage du Human Design. Vous pourrez y revenir régulièrement, approfondir votre compréhension et expérimenter ses enseignements dans votre vie quotidienne. Enfin, si vous souhaitez explorer en détail les Portes et Canaux qui structurent votre énergie, je vous invite à consulter La Bible des 64 Portes (HD Tome 3). Vous y trouverez des informations précises sur chaque connexion énergétique et leur impact dans votre vie.

Vous êtes prêts ? Alors commençons ce voyage au cœur de vos Centres et Circuits, pour mieux comprendre votre unicité et embrasser votre plein potentiel.

Bonne exploration !
Sandrine Calmel

INTRODUCTION
PLONGER AU CŒUR DE NOTRE CARTOGRAPHIE ÉNERGÉTIQUE

Depuis la nuit des temps, l'être humain cherche à comprendre ce qui l'anime, ce qui le différencie et ce qui le relie aux autres. De l'astrologie à la numérologie, en passant par les philosophies orientales et les avancées modernes en neurosciences, nous avons toujours tenté de cartographier notre essence.

Le **Human Design**[1], révélé en 1987 par Ra Uru Hu, est une synthèse fascinante de plusieurs disciplines :
- L'astrologie, qui positionne notre design énergétique au moment de notre naissance.
- Le I Ching, qui structure notre schéma à travers 64 hexagrammes représentant des archétypes fondamentaux.
- La Kabbale, qui illustre les connexions énergétiques par un réseau de canaux.
- Le système des chakras, réinterprété ici à travers 9 centres au lieu de 7.
- La génétique et la physique quantique, qui apportent une vision scientifique de notre empreinte énergétique.

Grâce à cet outil, nous avons accès à une véritable carte de navigation : notre Bodygraph. Il nous révèle non seulement comment nous fonctionnons intérieurement, mais aussi comment nous interagissons avec le monde extérieur.

Les fondamentaux du Human Design

Dans **Les clés de votre nature profonde** (HD Tome 1), nous avons exploré, entre autre, les bases du Human Design :
- Les types énergétiques (Générateurs, Manifesteurs, Projecteurs et Réflecteurs).
- L'autorité intérieure, qui guide nos décisions.
- La stratégie propre à chaque type, qui permet de naviguer la vie avec fluidité.

Mais au-delà de ces éléments fondamentaux, notre énergie circule à travers un

---

[1] NB. Dans ce livre, les termes "Human Design" et "Design Humain" sont utilisés de manière interchangeable. Le terme "Design Humain" est la traduction directe de "Human Design", le système de connaissance conçu par Ra Uru Hu. Bien que la terminologie française soit souvent privilégiée par ceux formés directement dans la tradition de Ra Uru Hu en France (dont je fais partie), "Human Design" reste le terme le plus répandu et reconnu internationalement. Cette dualité reflète la nature universelle du système qui transcende les barrières linguistiques, touchant ainsi un public plus large et diversifié.

réseau complexe de Centres, de Canaux et de Circuits, chacun jouant un rôle clé dans notre manière de penser, de ressentir et d'agir.

Pourquoi explorer les centres et circuits ?

Les **centres** énergétiques sont les fondements de notre structure interne. Ils agissent comme des hubs énergétiques, influençant notre manière d'échanger avec le monde. Selon qu'un Centre est défini (stable, constant) ou non défini(ouvert, influençable), nous expérimentons notre énergie de manière très différente.

Les **canaux**, quant à eux, sont les chemins qui relient ces Centres entre eux et déterminent nos talents et modes d'expression naturels.

Enfin, les **circuits** (Individuel, Collectif, Tribal) nous indiquent comment nous contribuons au monde :
- Sommes-nous des innovateurs ?
- Des transmetteurs de savoir ?
- Des piliers pour notre communauté ?

Comprendre cette dynamique permet de prendre conscience de notre conditionnement, de retrouver notre alignement naturel et d'interagir avec les autres d'une manière plus fluide et équilibrée.

Ce que vous trouverez dans ce livre

Dans cet ouvrage, nous allons explorer en profondeur :
- Les 9 centres : leurs fonctions, leurs défis et comment ils influencent nos choix et notre perception du monde.
- Les canaux énergétiques et leur impact sur notre comportement et nos talents innés.
- Les circuits et sous-circuits, qui révèlent comment notre énergie se connecte à celle des autres.
- Les définitions (simple, fractionnée, triple…) et leur influence sur notre manière d'interagir avec notre environnement.
- Des applications pratiques et des exercices pour intégrer ces enseignements à votre quotidien.

Aller plus loin

Si vous souhaitez approfondir encore plus votre compréhension du Human Design, je vous invite à consulter **La bible des 64 portes** (HD Tome 3). Vous y trouverez des descriptions détaillées des portes et canaux qui façonnent votre énergie et influencent votre chemin de vie.

Bible 64 portes

Prêt à plonger dans votre cartographie énergétique ?
Commençons ensemble l'exploration des 9 centres, véritables clés de compréhension de notre fonctionnement énergétique et relationnel.

Bonne lecture et belle découverte à vous !

CHAPITRE 1
LES 9 CENTRES
COMPRENDRE SON SCHÉMA CORPOREL

Comprendre la dynamique des Centres dans le Human Design

Les 9 Centres du Human Design sont au cœur de notre fonctionnement énergétique. Ils représentent les hubs à travers lesquels nous recevons, traitons et émettons de l'énergie dans notre interaction avec le monde. Comprendre leur rôle est essentiel pour décrypter nos réactions, comportements et conditionnements, mais aussi pour identifier nos forces naturelles et nos zones d'apprentissage.

Nous sommes tous influencés par nos Centres définis et non définis, et c'est dans cet équilibre entre stabilité et ouverture, constance et adaptabilité que réside notre plein potentiel.

Qu'est-ce qu'un Centre énergétique ?

En Human Design, un Centre énergétique est un lieu d'émission ou de réception d'énergie, un espace à travers lequel nous expérimentons la vie. Il existe neuf Centres, chacun ayant une fonction précise en lien avec notre mental, nos émotions, notre vitalité et notre expression.

Ces Centres sont une évolution du système des chakras traditionnel, qui est passé de 7 à 9 Centres au fil de l'évolution humaine. Comme Ra Uru Hu l'explique, les humains sont passés d'un modèle à 7 centres, plus stratégique et orienté vers la survie, à un modèle à 9 centres, conçu pour favoriser l'expansion de la conscience et l'alignement énergétique naturel.

"L'humanité est entrée dans une nouvelle ère énergétique en 1781 avec la découverte d'Uranus. Nous ne sommes plus des êtres conditionnés par le cycle saturnien de 7 centres, mais des êtres à 9 centres, avec un design énergétique radicalement différent." – Ra Uru Hu

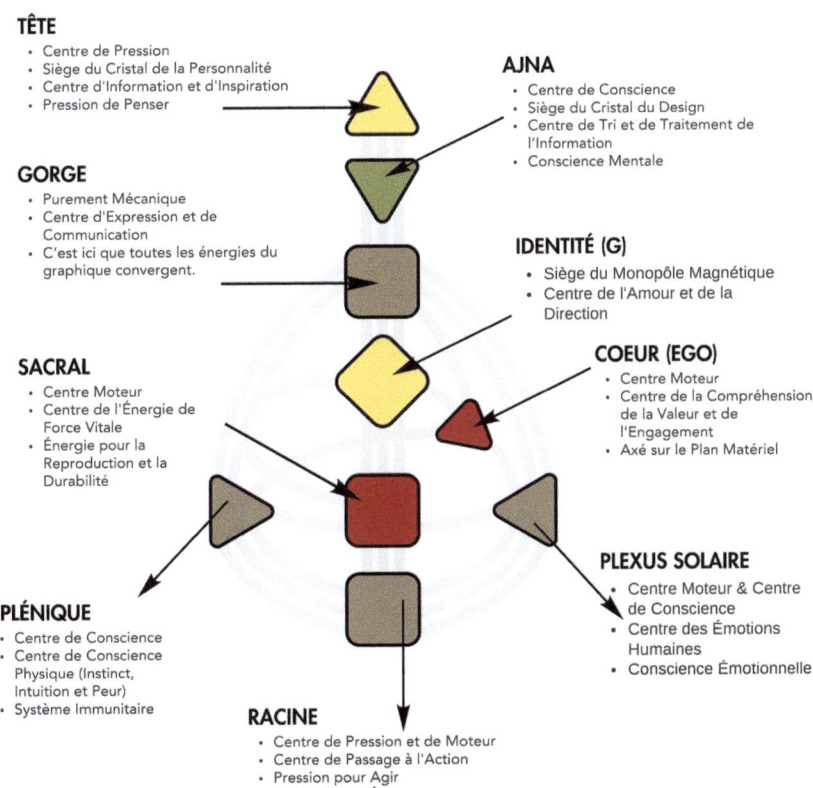

TÊTE
- Centre de Pression
- Siège du Cristal de la Personnalité
- Centre d'Information et d'Inspiration
- Pression de Penser

AJNA
- Centre de Conscience
- Siège du Cristal du Design
- Centre de Tri et de Traitement de l'Information
- Conscience Mentale

GORGE
- Purement Mécanique
- Centre d'Expression et de Communication
- C'est ici que toutes les énergies du graphique convergent.

IDENTITÉ (G)
- Siège du Monopôle Magnétique
- Centre de l'Amour et de la Direction

SACRAL
- Centre Moteur
- Centre de l'Énergie de Force Vitale
- Énergie pour la Reproduction et la Durabilité

COEUR (EGO)
- Centre Moteur
- Centre de la Compréhension de la Valeur et de l'Engagement
- Axé sur le Plan Matériel

PLEXUS SOLAIRE
- Centre Moteur & Centre de Conscience
- Centre des Émotions Humaines
- Conscience Émotionnelle

SPLÉNIQUE
- Centre de Conscience
- Centre de Conscience Physique (Instinct, Intuition et Peur)
- Système Immunitaire

RACINE
- Centre de Pression et de Moteur
- Centre de Passage à l'Action
- Pression pour Agir
- Adrénaline et Élan

Centres définis vs Centres non définis : Stabilité et sensibilité

Un Centre peut être défini (coloré sur le Bodygraph) ou non défini (blanc).

Un **Centre défini** est une source constante d'énergie dans notre vie. Il fonctionne de manière stable et prévisible, nous permettant d'exprimer une signature énergétique forte dans ce domaine.
Exemple : Une personne avec un Centre de la Gorge défini aura une façon naturelle et constante de s'exprimer et de communiquer.

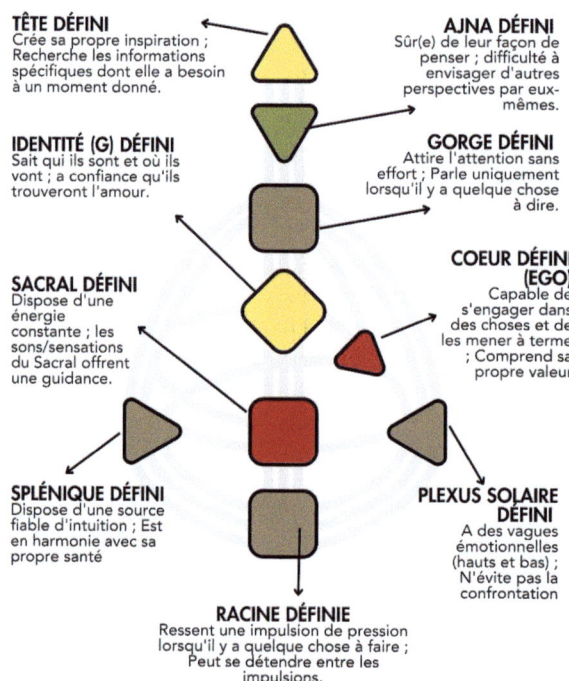

Un **Centre non défini** est plus ouvert et réceptif aux influences extérieures. Il agit comme une antenne qui capte, amplifie et expérimente les énergies des autres, ce qui peut être à la fois une source de sagesse et une zone de conditionnement.
<u>Exemple</u> : Une personne avec un Centre Émotionnel non défini ressentira intensément les émotions des autres et devra apprendre à distinguer ce qui lui appartient réellement.

Un **Centre totalement ouvert** (sans activation de porte) est encore plus influencé par son environnement et peut devenir une véritable source de sagesse lorsqu'il est maîtrisé.

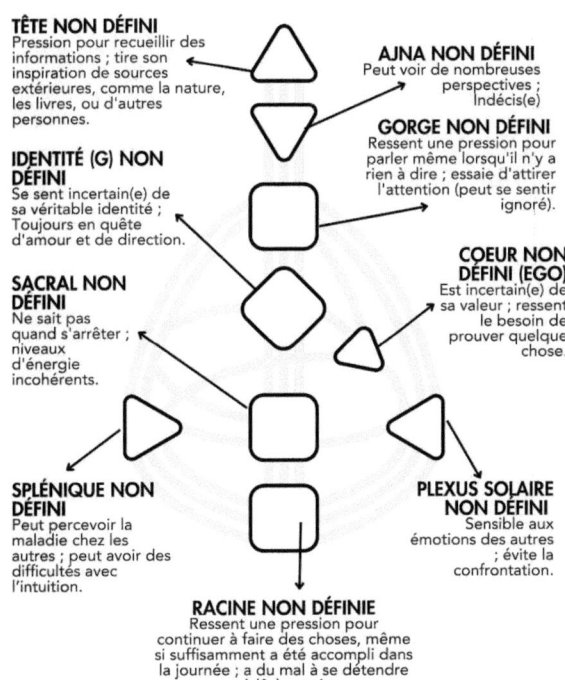

Les 5 familles de Centres : Une classification énergétique

Les 9 Centres peuvent être regroupés en 5 grandes familles selon leur fonction énergétique :

Les **Centres Moteurs** : Les Ingénieurs de l'Énergie

Ces Centres nous poussent à l'action et à la matérialisation. Ils génèrent et distribuent l'énergie nécessaire à la transformation et au mouvement.

Sacral → Énergie vitale et endurance

Plexus Solaire → Énergie émotionnelle et désir

Racine → Pression et impulsion vers l'action

Cœur / Égo → Volonté et motivation

Rôle clé : Ces Centres sont à la base de toute initiative et de toute création. Sans moteurs actifs, l'énergie doit être mobilisée autrement (par exemple via les autres ou les transits planétaires).

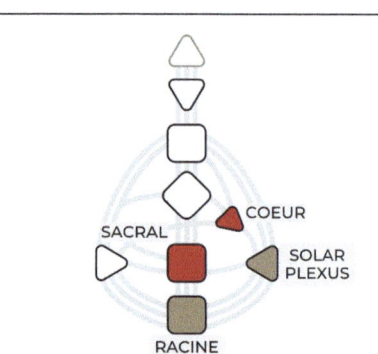

Les **Centres de Conscience** : Les Philosophes de l'Être

Ils sont responsables de notre prise de conscience et de nos perceptions. Ils nous permettent d'interpréter notre environnement et de développer différentes formes d'intelligence.

Ajna → Conscience mentale et conceptualisation

Plexus Solaire → Conscience émotionnelle et spirituelle

Rate / Splénique → Conscience corporelle et instinctive

Rôle clé : Ces Centres agissent comme des filtres perceptifs qui nous permettent d'analyser, ressentir et anticiper les événements.

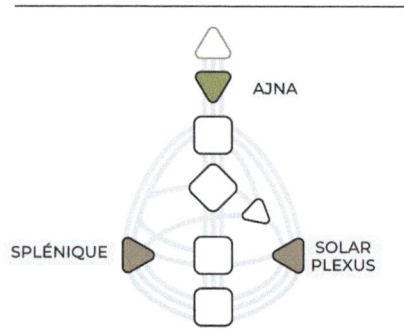

Les Centres de Pression : Les Régulateurs de l'Énergie

Ils génèrent une impulsion dynamique, nous maintenant en mouvement à la fois physiquement et mentalement.

Tête / Couronne → Pression mentale, inspiration, questions existentielles

Racine → Pression physique, stress, besoin d'action

Rôle clé : Ces Centres sont les moteurs invisibles de notre dynamique interne. Ils fonctionnent par contraction et expansion, régulant notre rythme et notre gestion du stress.

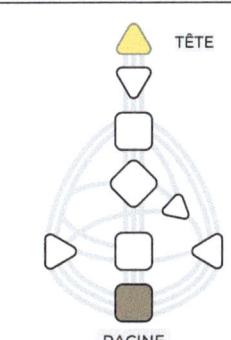

Le Centre de la Manifestation : La Scène de l'Expression

Seul Centre permettant d'exprimer l'énergie dans le monde extérieur, la Gorge transforme les pensées, émotions et intentions en mots et actions.

Le Centre de la Gorge

Métabolise les énergies des autres Centres

Permet la communication et l'expression

Rôle clé : Il est le point de convergence de toutes nos énergies. S'il est défini, la personne exprime naturellement ce qui l'anime. S'il est non défini, elle absorbe les manières de s'exprimer des autres et peut avoir du mal à se faire entendre.

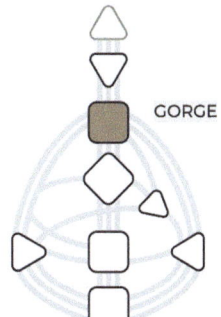

Le Centre Magnétique : Le GPS de notre Direction

Le Centre G (Identité) est notre boussole intérieure. Il gouverne notre direction, notre amour et notre identité profonde.

Le Centre G

Détermine notre capacité à attirer ce qui est aligné avec nous

Influence notre relation à l'amour et à l'estime de soi

Rôle clé : Il agit comme un champ magnétique qui nous attire vers les expériences et les personnes alignées avec notre trajectoire.

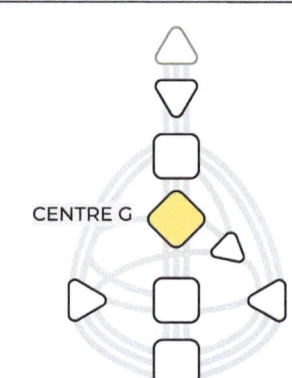

Pôle **MAGNÉTIQUE**

Définitions et Influence des Centres

Un Centre peut être :
Défini → Stable, émet une énergie constante
Non défini → Réceptif, amplifie les influences extérieures
Ouvert (sans porte active) → Extrêmement influençable, mais grand potentiel de sagesse

L'étude des Centres nous permet de comprendre comment nous fonctionnons et d'apprendre à réduire le conditionnement qui nous éloigne de notre nature profonde.

Dans les chapitres suivants, nous explorerons chaque Centre en détail, avec ses caractéristiques, ses forces, ses défis et ses stratégies d'alignement.

Les 9 Centres du Human Design

Les neuf centres du Human Design constituent les fondations du schéma corporel et reflètent les aspects clés de la vie humaine, qu'ils soient physiques, mentaux, émotionnels ou spirituels. Ces centres sont les lieux où l'énergie est transformée, exprimée et expérimentée. Chaque centre a un rôle spécifique, influençant la manière dont nous traitons les informations, exprimons nos talents et interagissons avec le monde.

Ces centres sont reliés par des canaux, et chacun abrite des portes, véritables portails d'énergie qui définissent les qualités uniques de chaque individu. Le fonctionnement de ces centres varie en fonction de leur définition : un centre défini est une source constante d'énergie et d'expression, tandis qu'un centre non défini amplifie et reflète les énergies extérieures. Cette section explore en détail les neuf centres, leurs rôles, et leur impact dans notre design.

Le CENTRE DE LA COURONNE (Tête) :

INSPIRATION ET PRESSION MENTALE

Fonction du centre : l'Inspiration et la sauvegarde de la conscience
Association biologique : La glande pinéale, la matière grise
La stratégie du non-Soi du centre ouvert : Est-ce que je réponds toujours aux questions sans importance?

Le Centre Tête constitue le sommet du schéma corporel dans le Human Design et joue un rôle fondamental dans notre connexion à l'inspiration et aux idées. Il agit comme une porte d'entrée vers le monde de la pensée et de la création, permettant à l'information de circuler de manière fluide entre le subconscient et la conscience.

Le Centre Tête est avant tout la source de toute inspiration. Il capte les idées, les questionnements et les impulsions mentales qui, une fois traités par le système, deviennent des étincelles de créativité. Cet espace n'est pas seulement le siège de la réflexion intellectuelle ; c'est aussi un réservoir dynamique où se mêlent d'innombrables pensées issues de notre environnement et de notre intériorité.

Placé en haut du BodyGraph, le Centre Tête symbolise notre capacité à percevoir des idées en provenance de sources diverses – qu'elles soient issues de notre propre expérience ou de l'influence de notre environnement. Sa position élevée reflète la nature élévatrice de l'inspiration, qui nous permet d'atteindre des niveaux supérieurs de conscience et de compréhension.

Sur le plan biologique, le Centre Tête est étroitement associé à la glande pinéale, souvent désignée comme la « gardienne du seuil ». Cette petite glande, par son rôle dans la régulation de la sérotonine et la gestion des cycles de sommeil, illustre la capacité du Centre Tête à « ouvrir » ou « fermer » l'accès à l'inspiration. De plus, il est relié à la matière grise du cerveau, qui constitue la base de nos capacités de traitement et de mémorisation des informations. Ensemble, ces éléments créent un environnement propice à la réception, la transformation et la restitution des idées.

Dans une perspective plus symbolique, le Centre Tête représente aussi le « point de départ » de l'évolution intellectuelle. Il incarne la tension entre le besoin de trouver des réponses et l'inévitabilité du doute et de la confusion qui précèdent souvent une révélation. Ce paradoxe – d'être à la fois source de pression et d'inspiration – est au cœur du rôle du Centre Tête dans le Human Design, invitant chacun à accueillir ses interrogations comme des opportunités de croissance personnelle.

Le Centre Tête repose sur une fondation biologique solide qui met en lumière la manière dont notre capacité d'inspiration est ancrée dans notre physiologie. Au cœur de ce mécanisme se trouve la glande pinéale, souvent appelée « gardienne du seuil ». Cette petite glande endocrine, située dans le cerveau, joue un rôle crucial en régulant la sérotonine et en orchestrant nos cycles de sommeil. Son fonctionnement rappelle celui d'une éponge qui, une fois saturée, se referme pour retenir l'information ou s'ouvre pour en libérer de nouvelles impulsions créatives. Cette capacité à filtrer et à moduler le flux d'inspiration permet au Centre Tête de recevoir et de transmettre des idées à des moments propices.

En parallèle, la matière grise du cerveau, en particulier le néocortex, assure le traitement et la structuration de ces informations. C'est dans le néocortex que les impulsions inspiratrices sont organisées, transformées et intégrées en concepts cohérents. Cette partie du cerveau, riche en connexions neuronales, agit comme un vaste entrepôt de données où se mêlent nos expériences, nos perceptions et les influences extérieures. Le dialogue constant entre la glande pinéale et le néocortex forme ainsi une interface dynamique, essentielle pour convertir l'inspiration brute en idées claires et exploitables.

Sur le plan pratique, comprendre ces mécanismes biologiques offre des clés pour appréhender la pression mentale associée au Centre Tête. La régulation de la glande pinéale, par exemple à travers des techniques de méditation ou des exercices de respiration, permet de maîtriser le flux d'informations et d'atténuer la surcharge mentale. Ainsi, la biologie du Centre Tête ne se contente pas d'expliquer comment nous sommes inspirés, elle ouvre également la voie à des pratiques concrètes pour équilibrer l'activité mentale et favoriser l'épanouissement créatif.

FONCTIONS ET MÉCANISMES DU CENTRE TÊTE

Le Centre Tête est le moteur de notre inspiration et de notre créativité, car il capte et transforme en idées les flux d'informations issus à la fois de notre environnement et de notre intériorité. Son fonctionnement repose sur un équilibre subtil entre une pression mentale stimulante et le besoin de donner forme à ces impulsions inspiratrices.

Dès qu'une pensée ou une question surgit, le Centre Tête la reçoit sous forme d'une étincelle créative. Cette impulsion, qui peut se manifester comme une intuition soudaine ou un questionnement profond, invite à explorer de nouvelles perspectives. Toutefois, cette capacité à générer des idées n'est pas dénuée de défis : la pression mentale peut rapidement se transformer en doute, en confusion ou en anxiété lorsqu'elle n'est pas canalisée. En effet, le besoin de répondre à des questions apparemment sans importance ou de résoudre des incertitudes peut engendrer une surcharge d'informations, rendant parfois difficile la concentration et la prise de décision.

La manière dont le Centre Tête gère cette pression dépend essentiellement de sa configuration dans le BodyGraph. Lorsqu'il est défini, il fonctionne de manière stable et cohérente. L'inspiration qui en découle est profondément intégrée, permettant une transformation fluide des idées en actions concrètes et une capacité à se concentrer sur des objectifs précis. À l'inverse, un Centre Tête non défini est plus réceptif aux influences extérieures. Dans ce cas, l'individu peut être facilement conditionné par l'environnement, absorbant des pensées et des doutes qui ne lui appartiennent pas intrinsèquement, ce qui peut entraîner une dispersion de l'attention et une difficulté à distinguer sa propre voix de celles des autres.

Ainsi, le Centre Tête n'est pas uniquement une source d'inspiration : il est également le terrain sur lequel se joue le défi de transformer la pression mentale en une force créatrice. Comprendre ce mécanisme permet de voir cette tension non pas comme une faiblesse, mais comme une opportunité de canaliser la créativité et de nourrir une réflexion authentique. En apprenant à reconnaître et à gérer ces impulsions, chacun peut transformer ses interrogations en véritables moteurs de croissance personnelle et de clarté d'esprit.

CENTRE DÉFINI VS NON DÉFINI

Précisons que, dans la population, le Centre de la Couronne – souvent assimilé au Centre Tête – est défini chez environ 30 % des personnes et non défini chez 70 %.

CENTRE DE LA COURONNE DÉFINI

- La pression mentale est constante : les questions émergent naturellement et restent présentes dans l'esprit.
- Ces personnes sont souvent immergées dans leur propre réflexion, ce qui peut les faire paraître détachées du monde extérieur.
- Elles possèdent une perspective unique sur la vie, tout en devant apprendre à ne pas s'enfermer dans un mental hyperactif.

⚠️ <u>Défi principal</u> : Éviter la surcharge cognitive et accepter que tout ne peut pas être résolu par le mental.

Conseils pratiques :
- Canaliser ses inspirations à travers l'écriture, la méditation ou le partage avec autrui.
- Laisser les idées mûrir naturellement, sans forcer à résoudre chaque question.
- Accorder régulièrement du temps au silence mental, par exemple en pratiquant des exercices de respiration, en se connectant à la nature ou en faisant une activité physique.

"Je suis l'architecte de mes pensées, solide dans ma clarté et déterminé dans ma quête de connaissance. Mon esprit se concentre sur ce qui élève mon être et enrichit mon monde."

CENTRE DE LA COURONNE NON DÉFINI

- Il capte et amplifie les pensées et inspirations extérieures, agissant comme une véritable antenne mentale.
- Ces personnes sont ultra-sensibles aux idées des autres et peuvent rapidement changer de perspective, ce qui les rend très adaptables intellectuellement.

⚠ <u>Défi principal</u> : Ne pas se sentir obligé de trouver des réponses à toutes les questions qu'ils captent.

Conseils pratiques :
- Apprendre à filtrer les pensées venant de l'extérieur pour ne pas s'y identifier excessivement.
- Accepter que certaines questions ne leur appartiennent pas, mais reflètent plutôt celles de leur environnement.
- Mettre en place des rituels de décompression mentale, comme des pauses sans écran ou des moments de relaxation, pour retrouver un équilibre intérieur.

"Je suis un miroir des idées, accueillant les multiples vérités de l'univers avec une ouverture d'esprit. Mes pensées viennent et partent librement, guidées par ma sagesse intérieure."

Ainsi, qu'il soit défini ou non, le Centre Tête – ou Centre de la Couronne – offre à chacun une manière unique d'accéder à l'inspiration. En comprenant ces différences et en adoptant des stratégies adaptées, il est possible de transformer la pression mentale en une force créatrice et enrichissante, tout en respectant sa propre dynamique intérieure.

INTERACTION AVEC LES AUTRES CENTRES

Dans le système du Design Humain, le Centre de la Couronne et le Centre Ajna forment un duo indissociable, opérant en synergie pour transformer l'inspiration brute en savoir structuré. Le Centre de la Couronne est la source des idées et des inspirations, captant des impulsions provenant à la fois de notre environnement et de notre intériorité. Cependant, ces énergies ne restent pas isolées ; elles sont immédiatement transmises à l'Ajna, qui sert de laboratoire de transformation.

L'Ajna, situé juste en dessous de la Couronne, reçoit ces impulsions et les conceptualise. C'est dans cet espace que les idées se transforment en opinions, croyances et logiques. Par conséquent, si le Centre de la

Couronne est défini, cela implique nécessairement que l'Ajna est également défini, car la Couronne ne peut fonctionner efficacement que lorsqu'elle dispose d'un canal stable pour structurer ses inspirations. En d'autres termes, l'intégration harmonieuse entre ces deux centres garantit une continuité dans le processus de pensée : l'inspiration est captée par la Couronne et, par le biais de l'Ajna, se concrétise en formes mentales cohérentes et réfléchies.

Cette connexion essentielle souligne que la capacité d'un individu à transformer ses inspirations en idées claires repose sur l'unité de ces deux centres. Un Centre de la Couronne défini, couplé à un Ajna défini, offre une constance dans la conceptualisation, permettant à la personne de développer des opinions solides et une logique fiable. Cela contraste avec un système où l'Ajna serait non défini, où la réception d'influences extérieures pourrait rendre le traitement des idées plus dispersé et vulnérable au conditionnement.

Ainsi, dans la pratique du Human Design, observer la configuration de ces deux centres dans le BodyGraph offre une indication précieuse de la manière dont une personne traite et transforme ses inspirations. Ce lien fort entre la Couronne et l'Ajna constitue l'une des clés de l'intelligence et de la clarté mentale, et il est fondamental pour comprendre la manière dont les inspirations se muent en expressions concrètes de la pensée.

DÉFIS ET OPPORTUNITÉS

Le Centre Tête, en tant que réservoir d'inspiration, présente des potentialités immenses, mais il comporte aussi son lot de défis. Le principal piège réside dans le conditionnement mental qui peut se manifester de plusieurs manières :

- **LES PIÈGES DU CONDITIONNEMENT MENTAL**

    La surcharge d'informations : L'abondance constante d'idées et de pensées peut rapidement submerger l'individu, le menant à accumuler des doutes et à perdre la capacité de filtrer ce qui est vraiment essentiel.

    Le doute permanent : La pression de trouver des réponses à des questions qui émergent spontanément peut conduire à un questionnement incessant, engendrant ainsi une anxiété qui entrave la clarté mentale et la prise de décision.

    L'influence extérieure : Un Centre Tête non défini est particulièrement vulnérable aux conditionnements provenant de l'environnement, absorbant des idées et des opinions qui ne reflètent pas nécessairement sa propre vérité intérieure.

- **STRATÉGIES POUR GÉRER LA PRESSION ET FAIRE LA PART DES CHOSES**
  - Apprendre à différencier l'inspiration authentique des influences extérieures : Cela passe par une écoute active de son propre ressenti et par la mise en place d'un espace de réflexion personnel.
  - Utiliser des outils de recentrage tels que la méditation, la respiration consciente ou l'écriture : Ces pratiques permettent de canaliser le flot d'idées et d'apaiser la pression mentale.
  - Mettre en place des rituels de déconnexion (pause numérique, moments de silence en pleine nature) : Ils aident à libérer l'esprit de l'excès d'informations et à favoriser un retour à l'essentiel.

- **TRANSFORMER LA TENSION EN UNE SOURCE DE CRÉATIVITÉ ET D'ÉVEIL PERSONNEL**
  - Voir la pression mentale comme un signal plutôt que comme une faiblesse : Chaque question ou doute peut être considéré comme une opportunité de creuser plus profondément et d'explorer de nouvelles pistes créatives.
  - Développer une pratique régulière d'auto-observation (journal de bord, réflexion personnelle) : Cela permet de reconnaître les schémas conditionnés et de cultiver une approche plus lucide de ses inspirations.
  - Se donner le temps de laisser mûrir les idées : Plutôt que de forcer une réponse immédiate, autoriser un laps de temps pour que l'inspiration se clarifie naturellement, transformant ainsi la tension en énergie créatrice.

CONSEILS POUR LES PRATICIENS

- Lors d'une lecture de design, commencez par observer la configuration du Centre Tête et notez s'il est défini ou non. Cela vous aidera à comprendre comment la personne traite et canalise son inspiration.
- Utilisez des questions ciblées pour amener la personne à explorer la source de ses pensées : par exemple, interrogez sur l'origine de certaines idées ou sur la manière dont elle se sent face à une surcharge d'informations.
- Proposez des outils concrets pour gérer la pression mentale : des

exercices de méditation, des pratiques d'écriture ou des temps de pause qui lui permettront de faire la part des choses.
- Encouragez la prise de conscience et l'auto-observation en invitant la personne à tenir un journal ou à pratiquer des séances de réflexion régulières, afin de différencier ses inspirations authentiques des conditionnements extérieurs.

Dans le Design Humain, il est essentiel d'établir la différence en fonction du type énergétique de l'individu, car la configuration des centres – en particulier le Centre de la Couronne et l'Ajna – se manifeste de manière distincte selon le type. Par exemple, pour les individus dont ces centres sont définis (souvent des Générateurs ou Manifestants), l'inspiration émerge de façon stable et se transforme naturellement en idées cohérentes et autonomes. Leur système intégré leur permet de structurer leurs pensées avec constance, favorisant ainsi une prise de décision fiable et une expression mentale puissante.

À l'inverse, pour les personnes dont la Couronne et l'Ajna sont non définis, l'influence de l'environnement devient prépondérante. Ces individus, souvent des Projecteurs ou Réflecteurs, reçoivent une abondance d'inspirations extérieures et sont particulièrement sensibles aux conditionnements ambiants. Leur processus de conceptualisation peut alors apparaître comme plus variable, avec des idées qui fluctuent au gré des influences et des contextes. Dans ce cas, il leur est utile d'apprendre à distinguer leurs propres inspirations des pensées qui ne leur appartiennent pas intrinsèquement.

Intégrer ces nuances dans l'analyse du BodyGraph permet aux praticiens de proposer des stratégies personnalisées : encourager les personnes à canaliser leur inspiration quand elles disposent d'un système stable, et à développer des techniques de filtrage et de recentrage pour celles dont les centres sont ouverts. Cette approche affinée offre ainsi une compréhension plus complète du fonctionnement individuel, en tenant compte de la dynamique unique de chaque type énergétique, et aide chacun à exploiter pleinement son potentiel créatif tout en naviguant avec conscience dans le flux des influences extérieures.

LES 3 PORTES DE L'INSPIRATION

Dans le Design Humain, le Centre de la Couronne se décline en plusieurs portes qui apportent chacune une nuance spécifique à l'inspiration reçue et à la manière dont elle se transforme en idées concrètes.

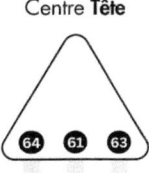

Centre **Tête**

- La **Porte 61,** souvent appelée « la Vérité Intérieure », invite à sonder les mystères profonds et à rechercher des réponses qui émergent du subconscient.
- La **Porte 64** représente la phase de confusion préliminaire, où une accumulation d'idées et d'impressions se condense avant de se clarifier en une révélation.
- La **Porte 63** incarne le doute et la remise en question constante, agissant comme un filtre qui permet de trier et d'affiner les pensées afin de dégager une compréhension plus claire.

Ces portes, en interagissant, enrichissent la dynamique du Centre de la Couronne et participent à la transformation de l'inspiration en opinions, croyances et logiques. Chacune contribue à la diversité et à la complexité du processus mental, influençant la manière dont l'individu perçoit et exprime sa vérité intérieure.

L'ART DE GÉRER LA PRESSION MENTALE

Le Centre de la Tête est une source puissante d'inspiration, qui alimente notre réflexion, notre quête de vérité et notre créativité intellectuelle. Il exerce une pression mentale constante qui peut, d'un côté, stimuler l'émergence d'idées novatrices et d'un autre, mener à l'anxiété, à la sur-réflexion et à l'accablement si elle n'est pas correctement canalisée.

Pour bien comprendre et exploiter ce potentiel, il est essentiel de distinguer deux configurations fondamentales :

Centre de la Tête défini

Les individus avec un Centre de la Tête défini bénéficient d'un processus de pensée stable et d'une source d'inspiration constante. La pression mentale qui en découle provient de l'intérieur, agissant comme une force motivante et une invitation à approfondir leur savoir. Toutefois, le défi principal réside dans la tentation de vouloir répondre à toutes les questions simultanément, risquant ainsi de se surcharger. La clé ici est de partager ses idées, de canaliser cette énergie par le dialogue et de prendre soin de ne pas s'enfermer dans un flux mental incessant.

Centre de la Tête non défini ou ouvert
Pour ces personnes, le Centre de la Tête agit comme un amplificateur des pensées extérieures. Elles bénéficient d'une grande flexibilité mentale et peuvent offrir des perspectives nouvelles grâce à leur capacité d'absorption des idées environnantes. Cependant, cette ouverture présente le risque de se laisser submerger par des idées qui ne leur appartiennent pas réellement. Il est donc primordial d'apprendre à distinguer ses propres inspirations de celles conditionnées par l'environnement.

Pour transformer la tension en une source de créativité et d'éveil personnel, quelques stratégies pratiques peuvent être mises en œuvre :

Pleine conscience et méditation
Ces pratiques aident à calmer l'esprit, à limiter l'excès de pensées et à retrouver une clarté intérieure, permettant ainsi de mieux gérer la pression mentale.

Journaling et échanges avec des personnes de confiance
Tenir un journal ou discuter avec autrui permet d'organiser et de clarifier ses idées sans se laisser envahir par la surcharge cognitive.

Limiter la consommation d'informations
Établir des limites quant à l'exposition aux flux d'informations aide à préserver l'équilibre mental et à éviter la sur-stimulation.

Accepter que le mental n'a pas toujours les réponses
Savoir lâcher prise et accepter que certaines questions peuvent rester en suspens est essentiel pour utiliser le mental comme un outil, et non comme un maître.

En résumé, que votre Centre de la Tête soit défini ou non, comprendre son fonctionnement vous permettra de naviguer habilement entre inspiration, réflexion et clarté mentale. En apprenant à choisir les questions à approfondir et en trouvant un équilibre entre stimulation et lâcher-prise, vous pourrez transformer la pression mentale en un véritable levier d'évolution personnelle, et non en une source d'accablement.

Le CENTRE AJNA

INSPIRATION ET TRANSFORMATION DE LA PENSÉE

Fonction du centre : La conceptualisation, la structuration des idées et la création de logiques

Association biologique : La glande pituitaire (l'hypophyse) antérieure et postérieure, le néo-cortex

La stratégie du non-Soi du centre ouvert : Suis-je toujours persuadé d'être certain?

Le Centre Ajna occupe une place centrale dans le schéma du Human Design en tant que point névralgique de la conceptualisation et de l'analyse. Il est le lieu où les inspirations, issues du Centre de la Tête, se transforment en idées structurées et en schémas de pensée cohérents. Ce centre joue un rôle déterminant dans la manière dont nous interprétons le monde, en traduisant les impulsions initiales et les intuitions en une réflexion organisée.

Dans ce système, le Centre Ajna est considéré comme le siège du mental qui analyse et verbalise les informations reçues, permettant ainsi de créer des certitudes et de forger des opinions. Cependant, cette capacité à structurer les pensées peut aussi donner lieu à des tendances à la rigidité si le Centre Ajna est défini, ou à une ouverture excessive et à l'inconsistance lorsque celui-ci est non défini. Ainsi, l'Ajna se présente comme un espace de potentiel, offrant à la fois la force de l'analyse et la possibilité d'adapter sa pensée en fonction de l'environnement.

Comprendre le fonctionnement de ce centre, c'est saisir comment nous transformons des inspirations souvent brutes en idées qui nous guident dans nos choix quotidiens, et comment cette transformation influence notre perception et notre interaction avec le monde.

Le Centre Ajna s'inscrit dans une dimension à la fois physique et énergétique, incarnant le lieu de la conceptualisation et du traitement mental. Sur le plan biologique, ce centre est intimement lié au fonctionnement du néocortex, la partie du cerveau responsable de la réflexion, de l'analyse et de la mise en forme des informations. En complément, la glande pituitaire – souvent considérée comme une sorte de régulateur hormonal – joue un rôle dans l'équilibre et la coordination des processus mentaux, assurant ainsi une transmission harmonieuse de l'information.

Cette synergie entre le néocortex et la glande pituitaire permet au Centre Ajna de stocker, traiter et verbaliser l'ensemble des données reçues par le Centre de la Tête. Grâce à ce mécanisme, les inspirations et intuitions se transforment en idées structurées et en schémas de pensée cohérents. Le Centre Ajna, tout en étant un pilier de l'intelligence analytique, se distingue également par sa capacité à intégrer et synthétiser des informations provenant de diverses sources, ce qui le rend unique par rapport à d'autres centres mentaux.

En comparaison avec d'autres centres, comme le Centre de la Tête qui capte l'inspiration brute ou encore le Centre de la Gorge qui manifeste l'expression, l'Ajna se positionne comme le filtre essentiel qui traduit l'inspiration en réflexion. Ainsi, la compréhension de ses aspects biologiques permet de mieux appréhender la manière dont nous structurons notre pensée et notre capacité à donner forme à nos perceptions et convictions.

FONCTIONS ET MÉCANISMES DU CENTRE AJNA

Le Centre Ajna est le moteur de la conceptualisation. Il transforme les impulsions brutes issues du Centre de la Tête en idées, en raisonnements et en schémas de pensée structurés. Voici quelques aspects clés de son fonctionnement :

Transformation de l'Inspiration en Pensée Structurée

Le Centre Ajna reçoit les inspirations, puis les traite et les organise pour en extraire des concepts clairs. Il joue ainsi le rôle d'un filtre qui transforme des impulsions initiales en réflexion intelligible.

Rôle du Raisonnement et de l'Analyse

Grâce à sa capacité d'analyse, le Centre Ajna examine les informations à la recherche de certitudes ou, au contraire, de doutes constructifs. Il permet d'établir des opinions et de générer des idées en évaluant minutieusement chaque donnée reçue.

Différenciation entre Centres Ajna Défini et Non Défini

<u>Défini</u> : Lorsque le Centre Ajna est défini, le processus de pensée tend à être constant, fiable et cohérent. Les individus possédant un Ajna défini ont généralement une manière stable de penser et de formuler leurs certitudes.

<u>Non défini</u> : En revanche, un Centre Ajna non défini offre une plus

grande flexibilité, permettant d'accueillir divers points de vue et de s'adapter à l'influence de l'environnement. Cependant, cette ouverture peut également mener à une incertitude ou à une difficulté à maintenir des convictions fermes.

Influence sur la Prise de Décision
Le travail du Centre Ajna n'est pas de dicter directement les décisions, mais de fournir des informations et des analyses qui éclairent le processus décisionnel. Il aide à peser les options en exposant les détails et en clarifiant les idées, sans imposer de verdict définitif.

En somme, le Centre Ajna est essentiel pour passer du potentiel inspirant à la clarté de la pensée. Il offre à la fois la structure nécessaire pour organiser les idées et la flexibilité pour accueillir la diversité des perceptions, faisant de lui un outil puissant pour naviguer entre certitude et doute dans notre quotidien.

CENTRE DÉFINI VS NON DÉFINI

Précisons que, dans la population, le Centre Ajna est défini chez environ 48 % des personnes et non défini chez 52 %.

CENTRE AJNA DÉFINI

La pensée est stable et fiable → Les individus avec un Ajna défini traitent les informations de manière constante.

Ils possèdent une certaine certitude intérieure et ont tendance à s'appuyer sur leurs propres schémas mentaux.

Ils sont souvent perçus comme des personnes sûres d'elles car ils dégagent une clarté intellectuelle.

⚠ <u>Défi principal</u> → Rigidité mentale, difficulté à accepter des idées extérieures différentes des leurs.

Conseils pratiques :
Cultiver une ouverture d'esprit, être prêt à remettre en question ses propres opinions.
Ne pas sur-analyser → Accepter que certaines questions ne trouveront pas de réponse immédiate.
Prendre du recul face aux pensées obsessionnelles ou répétitives.

"Je navigue dans le monde des idées avec assurance et ouverture, utilisant mon esprit non pas comme une forteresse, mais comme un pont vers de nouvelles compréhensions."

CENTRE AJNA NON DÉFINI

Il capte et amplifie les idées des autres, ce qui donne une grande flexibilité mentale.

Ces personnes sont capables de voir plusieurs perspectives et de s'adapter à différents modes de pensée.

Elles peuvent passer d'une opinion à une autre avec une grande fluidité.

⚠ <u>Défi principal</u> → Risque d'être influencé par les opinions des autres et de se perdre dans des schémas de pensée externes.

Conseils pratiques :

Apprendre à discerner ses propres idées de celles des autres.

Ne pas chercher une validation mentale constante auprès de l'extérieur.

Accepter que le manque de certitude n'est pas un problème, mais une opportunité d'exploration intellectuelle.

"Je suis un océan de perspectives, naviguant sur les vagues de la compréhension humaine, tout en cherchant la vérité qui résonne avec mon âme."

INTERACTION AVEC LES AUTRES CENTRES

Dans le système du Design Humain, le Centre Ajna se positionne comme le noyau de la conceptualisation, jouant un rôle crucial dans la transformation des impulsions inspirantes en idées structurées et en schémas mentaux cohérents. Situé juste sous la Couronne, il reçoit directement les inspirations brutes qui émanent de cette dernière ainsi que du Centre de la Tête. Cette interaction permet à l'Ajna de traiter et d'organiser ces flux d'énergie en les transformant en pensées, opinions et logiques précises.

L'Ajna fonctionne en étroite collaboration avec le Centre de la Couronne, qui capte les idées et l'énergie créative de l'environnement et de l'intériorité. Sans un Ajna capable de filtrer et de structurer ces impulsions, l'inspiration resterait désordonnée et difficile à exploiter. Ainsi, lorsque la Couronne est définie et active, elle alimente l'Ajna d'un flux constant d'informations qui, une fois traitées, se muent en visions claires et en certitudes. Un Ajna défini garantit une cohérence dans la pensée, permettant de développer des idées solides et une logique fiable.

Par ailleurs, le Centre Ajna interagit également avec le Centre de la Gorge, qui joue le rôle d'interface entre le monde intérieur et l'expression extérieure. C'est grâce à cette connexion que les idées élaborées par l'Ajna trouvent leur expression dans la communication et l'action. En d'autres termes, l'Ajna ne se contente pas de conceptualiser ; il prépare également le terrain pour que ces concepts soient articulés de manière à avoir un impact tangible dans le monde.

Cette synergie entre la Couronne, l'Ajna et la Gorge illustre l'importance d'une configuration harmonieuse dans le BodyGraph. Un Centre Ajna défini, associé à une Couronne et une Gorge également stables, assure que l'inspiration se transforme efficacement en pensées claires et en expressions cohérentes. À l'inverse, un Ajna non défini, bien que flexible et ouvert à de multiples influences, peut être vulnérable au conditionnement extérieur, rendant le traitement des idées plus dispersé.

En somme, l'interaction du Centre Ajna avec ses centres voisins est fondamentale pour le processus de transformation de l'inspiration en savoir. C'est cette capacité à structurer et à clarifier les idées qui permet d'accéder à une intelligence intérieure authentique et à une prise de décision éclairée.

LES 6 PORTES DE L'AJNA : LA STRUCTURATION DE LA PENSÉE

Les Portes de l'Ajna influencent la manière dont nous conceptualisons, analysons et organisons nos idées.

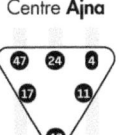

Centre **Ajna**

Porte 17 : L'Opinion et la Logique Structurée

Thème → Analyse logique, structuration du savoir, validation des modèles.
Cette porte pousse à chercher des preuves et à structurer les idées en systèmes cohérents. Elle est essentielle pour les penseurs analytiques et ceux qui aiment proposer des théories organisées.
⚠ En désalignement : Tendance à imposer ses opinions comme des vérités absolues.

Porte 24 : La Rationalisation et l'Introspection

Thème → Réflexion intérieure, compréhension progressive, approfondissement des idées.

Associée à un processus de digestion mentale, elle permet de réévaluer des pensées pour en tirer une signification. Cette porte est souvent liée à des moments de "Eurêka".
⚠ En désalignement : Rumination excessive, obsession à vouloir tout comprendre immédiatement.

Porte 43 : La Percée Intuitive et l'Innovation

Thème → Génie créatif, pensée non conventionnelle, insights soudains.
Cette porte est associée aux esprits visionnaires. Elle permet d'avoir des révélations profondes qui semblent parfois déconnectées de la logique traditionnelle.
⚠ En désalignement : Difficulté à expliquer ses idées aux autres, impression d'être incompris.

Porte 47 : L'Abstraction et la Recherche de Sens

Thème → Synthèse des expériences passées, quête de compréhension globale.
Cette porte est axée sur la mémoire et le sens caché derrière les événements vécus. Elle aide à tirer des leçons du passé et à transformer la confusion en clarté.
⚠ En désalignement : Sentiment d'être submergé par trop d'informations, incapacité à relier les éléments entre eux.

Porte 4 : La Logique et la Recherche de Solutions

Thème → Modélisation, structuration des problèmes, quête de réponses.
C'est la porte des scientifiques et des analystes. Elle pousse à résoudre les questions de manière méthodique et à développer des modèles explicatifs clairs.
⚠ En désalignement : Recherche compulsive de réponses, incapacité à tolérer l'incertitude.

Porte 11 : L'Idée et l'Imagination

Thème → Inspiration créative, visualisation, diversité d'idées.
Cette porte génère une abondance d'idées et de concepts, parfois sans structure apparente. Elle est reliée aux esprits explorateurs et créatifs, toujours en quête de nouvelles perspectives.
⚠ En désalignement : Manque de concentration, difficulté à structurer ses idées pour les concrétiser.

PEURS ASSOCIÉES aux portes du Centre Ajna et leur impact sur la pensée

Le Centre Ajna ne se contente pas d'analyser les informations, il est aussi influencé par des peurs mentales qui peuvent nous empêcher d'être dans un état d'alignement. Ces peurs sont des mécanismes de survie cognitifs, qui peuvent nous amener à douter, suranalyser ou éviter certaines vérités.

Prendre conscience de ces peurs permet de mieux les traverser et d'utiliser son mental avec plus de fluidité.

Porte 47 | Porte de la Réalisation

Peur associée → Peur de la futilité
Problème → L'impression que tous les efforts de compréhension et de recherche de sens sont vains.
Alignement → Accepter que la clarté mentale vient avec le temps et que chaque expérience a une valeur, même si elle ne semble pas immédiatement significative.
Exemple : Quelqu'un qui ressasse constamment des souvenirs passés en cherchant un sens profond à tout, sans parvenir à se libérer de cette quête.

Porte 24 | Porte du Rationnel

Peur associée → Peur de l'ignorance
Problème → Anxiété face au fait de ne pas comprendre ou de ne pas savoir répondre aux grandes questions.
Alignement → Cultiver la patience intellectuelle et accepter que certaines réponses viennent d'elles-mêmes, sans forcer le processus.
Exemple : Une personne qui lit sans cesse des livres de développement personnel ou qui accumule des formations, de peur de ne jamais être assez informée.

Porte 4 | Porte de l'Expression des Formules

Peur associée → Peur du chaos
Problème → Angoisse de ne pas pouvoir structurer sa pensée, de vivre dans l'incohérence.
Alignement → Apprendre à tolérer l'incertitude et accepter que l'ordre émerge avec le temps, sans forcer une réponse immédiate.
Exemple : Un étudiant qui ne supporte pas les zones grises et qui a besoin de réponses catégoriques, au point de devenir rigide dans sa façon d'interpréter les choses.

Porte 11 | Porte des Idées

Peur associée → Peur du vide
Problème → Crainte de manquer d'inspiration, d'être bloqué mentalement ou de ne plus avoir d'idées stimulantes.
Alignement → Cultiver des espaces de repos mental, car c'est souvent dans le lâcher-prise que naissent les meilleures idées.
Exemple : Un créatif qui a peur du "syndrome de la page blanche" et qui se met une pression énorme pour toujours produire de nouvelles idées.

Porte 43 | Porte de l'Inspiration

Peur associée → Peur du rejet
Problème → Inquiétude que ses idées ne soient pas comprises ou acceptées par les autres.
Alignement → Trouver les bons canaux pour partager ses visions et s'entourer de personnes réceptives à son originalité.
Exemple : Un entrepreneur avec des idées révolutionnaires mais qui hésite à les exprimer, de peur d'être jugé ou moqué.

Porte 17 | Porte des Opinions

Peur associée → Peur du défi
Problème → Anxiété face au fait de devoir défendre ses opinions et de risquer d'être contesté.
Alignement → Accepter que toutes les opinions sont discutables, et que le dialogue est une opportunité d'évolution, pas un combat.
Exemple : Une personne qui évite les débats ou qui ressent le besoin d'avoir des preuves absolues avant d'oser partager son point de vue.

DÉFIS ET OPPORTUNITÉS DU CENTRE AJNA

Le Centre Ajna, en tant que pilier de la conceptualisation, représente une formidable opportunité de clarté intellectuelle et de synthèse créative. Toutefois, comme tout centre du Design Humain, il présente également ses propres défis spécifiques liés au conditionnement mental.

LES PIÈGES DU CONDITIONNEMENT MENTAL

Rigidité mentale (Ajna défini) : La tendance à s'attacher fermement à ses idées et à ses croyances peut limiter l'ouverture à de nouvelles perspectives et provoquer une vision du monde parfois figée.

Incertitude chronique (Ajna non défini) : La difficulté à maintenir une ligne de pensée stable peut conduire à une sur-adaptation aux idées extérieures et à une perte de repères internes.

Surcharge mentale : Que l'Ajna soit défini ou non, l'excès d'analyse peut engendrer du stress et nuire à la prise de décision fluide et intuitive.

STRATÉGIES POUR HARMONISER LE CENTRE AJNA

Favoriser l'ouverture d'esprit : Pour ceux dont l'Ajna est défini, il est précieux de cultiver la flexibilité mentale et de rester curieux face à des perspectives nouvelles.

Créer des espaces de silence mental : Pratiquer la méditation ou la pleine conscience permet de calmer le flux de pensées et de laisser émerger une clarté naturelle.

Apprendre à accueillir le doute : L'incertitude peut devenir un levier de croissance lorsqu'elle est acceptée comme une opportunité d'explorer de nouvelles idées, plutôt qu'une faiblesse à combler.

Ne pas se précipiter vers la certitude : Laisser mûrir les concepts, et accepter que certaines questions puissent rester ouvertes, favorise une vision plus profonde et nuancée des situations.

Le Centre Ajna joue un rôle clé dans la capacité à structurer la pensée et à donner du sens aux inspirations captées par la Couronne. Il est le lieu où l'intuition rencontre l'analyse, où l'abstraction devient conceptualisation. Qu'il soit défini ou non, ce centre nous apprend à équilibrer la recherche de cohérence avec l'accueil de l'imprévisible.

Dans la pratique du Human Design, prendre conscience du fonctionnement de son Ajna permet non seulement d'affiner sa capacité à penser et à comprendre, mais aussi de mieux gérer la pression mentale issue des questions non résolues. En intégrant cette sagesse, chacun peut naviguer avec plus de fluidité entre certitude et ouverture, et transformer son processus mental en un véritable moteur d'évolution et de discernement.

LE CENTRE DE LA GORGE

EXPRESSION, COMMUNICATION ET MANIFESTATION

Fonction du centre : La métamorphose et l'expression
Association biologique : Les glandes thyroïde et para-thyroïdes
La stratégie du non-Soi du centre ouvert : Est-ce que j'essaye toujours d'attirer l'attention?

Le Centre de la Gorge est le cœur battant de l'expression dans le système du Human Design. Situé à la croisée des chemins entre la pensée, l'énergie et l'action, il est le lieu où l'invisible prend forme, où l'inspiration devient parole ou mouvement, et où l'énergie brute se transforme en manifestation concrète. La Gorge est bien plus qu'un simple espace de communication : elle est la clé de notre capacité à métamorphoser l'énergie intérieure en action tangible dans le monde extérieur.

Considéré comme l'un des centres les plus complexes du BodyGraph, le Centre de la Gorge est unique par la richesse de ses potentialités. Composé de onze portes – soit plus que tout autre centre – il offre une palette d'expressions et de manifestations d'une rare diversité. Chaque porte représente une voix spécifique qui, lorsqu'elle est activée, façonne la façon dont l'individu s'exprime, que ce soit à travers le langage, l'action ou même l'énergie non verbale.

Le Centre de la Gorge est le réceptacle ultime des énergies circulant dans tout le schéma corporel. Quelle que soit leur origine – qu'elles proviennent de l'inspiration mentale du Centre de la Tête, de la conceptualisation de l'Ajna ou de la puissance motrice des centres énergétiques situés plus bas – toutes cherchent à converger vers la Gorge afin de se manifester. Ce centre est ainsi le passage incontournable entre l'intention intérieure et sa réalisation extérieure.

FONCTIONS ET MÉCANISMES DU CENTRE GORGE

Fait surprenant, malgré sa position centrale, le Centre de la Gorge n'a pas de connexion directe aux sources de pression majeures que sont la Couronne et la Racine. Autrement dit, la Gorge manifeste sans ressentir directement le stress ou l'anxiété liés à ces pressions. Ce centre est libre d'exprimer et de transformer l'énergie sans être impacté par l'urgence ou la tension. Son unique rôle est de manifester, manifester, manifester. Ce mantra simple est au cœur de sa fonction, incarnant l'essence même de la vie humaine en perpétuelle métamorphose.

En tant que clé de la survie et de l'évolution de l'espèce, le Centre de la Gorge est profondément ancré dans notre biologie. C'est grâce à notre capacité à exprimer des idées, à articuler des stratégies et à échanger des savoirs que l'humanité a pu dépasser l'instinct de survie primaire pour construire des sociétés complexes et avancées.

Sur le plan physiologique, la Gorge est intimement liée aux glandes thyroïde et parathyroïdes, qui jouent un rôle crucial dans la régulation du métabolisme et de l'équilibre calcique du corps. Ce lien biologique illustre parfaitement la dualité inhérente à ce centre : la communication d'une part – l'expression par la voix – et la manifestation physique d'autre part – la capacité d'agir et de transformer l'énergie en actions concrètes.

Cependant, la manifestation physique de la Gorge ne peut s'exprimer pleinement que lorsqu'elle est connectée à l'un des quatre moteurs énergétiques (le Sacral, l'Emotions/plexus solaire, la Racine ou le Cœur/Ego). Sans cette connexion, l'énergie reste au stade de la parole ou de l'intention.

C'est la capacité de la Gorge à articuler la complexité et à produire des stratégies de survie évoluées qui a assuré le succès de l'espèce humaine. Nous ne nous contentons plus d'agir par instinct ; nous planifions, nous collaborons et nous créons grâce à la puissance du langage et de l'expression.

CENTRE DE LA GORGE DÉFINI VS NON DÉFINI

Dans la population, le Centre de la Gorge est défini chez environ 72 % des personnes et non défini chez 28 %.

CENTRE DE LA GORGE DÉFINI

Le Centre de la Gorge défini est synonyme d'une expression stable et cohérente. Les personnes ayant ce centre activé possèdent une capacité naturelle à manifester, que ce soit par la parole ou par l'action. La Gorge devient alors un canal d'expression fiable, qui permet de donner forme à l'énergie intérieure de manière fluide et régulière.

<u>Caractéristiques principales :</u>

Stabilité d'expression : Les individus avec une Gorge définie disposent d'un flux de communication constant, que ce soit verbal ou non verbal.

Présence manifeste : Leur parole est souvent perçue comme puissante et impactante, car elle émane d'une base intérieure solide.

Alignement avec les centres reliés : La manière dont la Gorge s'exprime dépend fortement des centres auxquels elle est connectée (Ajna, Splénique, Ego, etc.), influençant la nature du message transmis (ex. : inspiration, instinct, volonté).

⚠ Défis fréquents :

Risque de domination verbale : Une tendance naturelle à prendre la parole rapidement ou à monopoliser l'espace de discussion.

Impulsivité : Exprimer ou agir sans toujours prendre le temps d'évaluer l'environnement ou le bon timing.

Conseils pratiques :

Développer l'écoute active pour équilibrer parole et silence.

Se relier à son autorité intérieure avant de prendre la parole ou de poser un acte.

Pratiquer la conscience de ses "voix" et de leur provenance (via les portes activées).

"Je suis l'émissaire de mon être profond, ma voix et mes actions honorent l'authenticité de mon chemin intérieur."

CENTRE DE LA GORGE NON DÉFINI

Le Centre de la Gorge non défini est un espace réceptif et amplificateur, capable de moduler et de refléter la communication environnante. Ces personnes possèdent une capacité naturelle à capter et amplifier la voix des autres, ce qui peut en faire d'excellents médiateurs ou facilitateurs. Cependant, cette ouverture comporte aussi des défis liés au conditionnement et à l'incohérence.

Caractéristiques principales :

Adaptabilité extrême : La manière de s'exprimer varie selon les personnes présentes ou les situations.

Grande sensibilité aux influences extérieures : Le non-défini peut amplifier inconsciemment les styles de communication de l'entourage.

Flexibilité des "voix" : Capacité d'emprunter différents registres de parole, selon les portes activées temporairement par les transits ou les personnes présentes.

⚠ Défis fréquents :

Sur-expression conditionnée : Parfois, le besoin d'attirer l'attention pousse à parler de façon excessive ou désalignée.

Perte d'authenticité : À force d'adopter les voix des autres, l'individu peut se déconnecter de sa propre sagesse intérieure.

Conseils pratiques :

Prendre le temps d'observer l'environnement avant de s'exprimer.

Cultiver la capacité d'attendre une invitation ou un espace naturel pour prendre la parole.

Apprendre à reconnaître les moments où l'on parle sous l'effet du conditionnement plutôt que par choix conscient.

"Je suis un canal fluide et intuitif, je choisis mes mots et mes silences en harmonie avec ma sagesse intérieure et mon environnement."

En comprenant les dynamiques du Centre de la Gorge, qu'il soit défini ou non, chacun peut transformer son mode d'expression en un outil puissant de manifestation et de connexion. Le défi est de reconnaître ses propres schémas et d'apprendre à honorer la voix juste, celle qui reflète l'alignement avec soi-même.

INTERACTIONS AVEC LES AUTRES CENTRES

Le Centre de la Gorge occupe une place stratégique au cœur du BodyGraph. Il agit comme le point de sortie des énergies issues des centres situés en amont, qui convergent vers lui pour se manifester, soit par la parole, soit par l'action. Son rôle de "convertisseur énergétique" est profondément influencé par les centres auxquels il est connecté.

LA GORGE ET LES CENTRES MOTEURS

Lorsque le Centre de la Gorge est relié à un ou plusieurs centres moteurs (Sacral, Cœur/Ego, Plexus Solaire ou Racine), l'individu manifeste avec puissance et initiative. Cette connexion permet à l'énergie motrice de devenir une action concrète ou une expression directe.

Gorge + Sacral : Permet des réponses spontanées et souvent des actions immédiates basées sur la satisfaction ou la frustration.

Gorge + Cœur/Ego : Manifeste des thématiques de volonté, de contrôle ou de matérialisme (« je veux », « je possède »).

Gorge + Plexus Solaire : L'expression est fortement teintée par l'émotionnel et la gestion des vagues émotionnelles.

Gorge + Racine : Tendance à manifester sous pression ou à agir de façon réactive face au stress.

LA GORGE ET LES CENTRES NON MOTEURS

Une Gorge connectée à l'Ajna, à la Rate ou au Centre G (centre de l'identité) sans lien direct avec un moteur dépendra davantage des autres pour initier.

Gorge + Ajna : L'énergie mentale se manifeste sous forme d'opinions, d'idées ou de concepts verbalisés. C'est la voix du mental.

Gorge + Rate : Une expression qui émane souvent d'un instinct de survie ou d'une sagesse corporelle immédiate.

Gorge + Centre G : L'expression est guidée par l'amour, la direction ou l'identité. C'est souvent la voix du "je suis" ou du "je vais".

LA GORGE COMME POINT DE TRANSFORMATION

Le Centre de la Gorge ne crée pas l'énergie, mais il la modèle et la manifeste. Son rôle est de transformer ce qui a été généré ou conceptualisé en une manifestation tangible – par la parole, un comportement, un geste ou une action concrète.

Sans canalisation directe de la pression de la Couronne ou de la Racine, la Gorge reste en retrait de l'anxiété ou du stress pur. C'est l'Ajna qui sert souvent de "tampon" mental avant que l'énergie ne se manifeste à travers la Gorge. Cette interaction crée une cascade énergétique allant de l'inspiration (Couronne), à la conceptualisation (Ajna) et enfin à la manifestation (Gorge).

En somme, la capacité à s'exprimer ou à agir de manière fluide dépend de la cohérence entre le Centre de la Gorge et le reste du BodyGraph. Une Gorge bien connectée, consciente de ses voix (via les portes activées) et alignée à son autorité intérieure, devient un puissant levier d'impact et de clarté dans la communication.

LES 11 PORTES DE LA GORGE : VOIX DE L'EXPRESSION

Centre **Gorge**

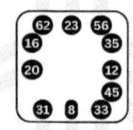

Les voix de la manifestation

Chaque porte du Centre de la Gorge incarne une manière unique d'exprimer et de manifester l'énergie. Chacune agit comme une "voix" spécifique, révélant le style d'expression naturel de l'individu, que ce soit à travers la parole ou l'action. Voici un aperçu détaillé de ces portes :

Porte 16 : Porte des Talents

Voix : "Je teste ou je ne teste pas."
Thème → L'expression du savoir-faire et des compétences.
Cette porte incarne l'enthousiasme pour l'apprentissage et la maîtrise de talents spécifiques, avec le désir de perfectionner et de partager ces compétences.
⚠ Désalignement : Tendance à papillonner ou à s'éparpiller sans approfondir véritablement ses aptitudes.

Porte 20 : Porte de la Présence

Voix : "Je suis ou je ne suis pas."

Thème → L'expression spontanée dans l'instant présent.
Cette porte favorise une communication ancrée dans l'ici et maintenant, avec un fort impact immédiat. L'individu capte l'attention par sa capacité à agir ou parler au bon moment.
⚠ <u>Désalignement</u> : Risque d'agir ou de parler trop rapidement, sans considération pour le contexte ou les autres.

Porte 31 : Porte du Leader
Voix : "Je dirige ou je ne dirige pas."
Thème → Leadership et influence collective.
Cette porte confère l'aptitude naturelle à guider et à orienter les autres grâce à la puissance de la parole. Elle inspire confiance et rassemble autour d'une vision.
⚠ <u>Désalignement</u> : Autoritarisme ou volonté de contrôler excessivement les autres.

Porte 8 : Porte de la Contribution
Voix : "Je peux apporter une contribution unique."
Thème → Expression créative et authenticité.
Cette porte pousse à sortir des sentiers battus et à partager sa singularité pour enrichir le collectif. C'est l'énergie du "différent" qui inspire l'innovation.
⚠ <u>Désalignement</u> : Se conformer pour plaire, au détriment de sa créativité propre.

Porte 33 : Porte de la Réflexion
Voix : "Je me souviens ou je ne me souviens pas."
Thème → Introspection et sagesse du récit.
Cette porte invite à se retirer pour intégrer les expériences avant de partager des leçons ou des histoires porteuses de sens.
⚠ <u>Désalignement</u> : Tendance à ressasser ou à se replier sans jamais passer à l'expression.

Porte 45 : Porte du Commandement
Voix : "Je possède ou je ne possède pas."
Thème → Pouvoir et gestion des ressources.
Cette porte porte l'énergie du chef de clan, celui qui dirige les ressources matérielles et économiques d'un groupe. Elle exprime le leadership sous l'angle du "territoire" ou des possessions.
⚠ <u>Désalignement</u> : Attachement excessif au contrôle matériel ou à la domination.

Porte 12 : Porte de la Prudence

Voix : "Je suis d'humeur ou je ne suis pas d'humeur."
Thème → Expression émotionnelle sélective.
Cette porte exprime l'énergie émotionnelle de manière fine et contrôlée. L'individu partage ses émotions de manière authentique lorsqu'il se sent aligné.
⚠ Désalignement : Blocage émotionnel ou tendance à réprimer des sentiments importants.

Porte 35 : Porte du Changement

Voix : "J'ai vécu ou je n'ai pas vécu."
Thème → Expérimentation et narration d'expériences.
Cette porte symbolise la quête d'aventures et la capacité à raconter les leçons tirées du vécu. Elle encourage à explorer et à partager.
⚠ Désalignement : Hyper-activité ou quête effrénée d'expériences sans en tirer de sens profond.

Porte 56 : Porte du Conteur

Voix : "Je crois ou je ne crois pas."
Thème → Transmission d'histoires et d'enseignements.
C'est la voix de ceux qui inspirent par leurs récits, en donnant vie aux idées abstraites à travers des histoires captivantes et enrichissantes.
⚠ Désalignement : Risque de superficialité ou de dispersion dans le discours.

Porte 23 : Porte de l'Assimilation

Voix : "Je sais ou je ne sais pas."
Thème → Clarté et simplification des concepts complexes.
Cette porte rend accessible l'abstrait ou le complexe grâce à une capacité de synthèse et de vulgarisation puissante.
⚠ Désalignement : Difficulté à se faire comprendre si l'idée n'est pas mûre ou manque de structure.

Porte 62 : Porte du Détail

Voix : "Je pense ou je ne pense pas."
Thème → Organisation et communication précise.
Cette porte offre une capacité analytique importante, permettant de structurer et de transmettre des informations détaillées et méthodiques.
⚠ Désalignement : Tendance à suranalyser ou à devenir rigide dans la

communication.

Les onze voix du Centre de la Gorge constituent la palette d'expressions les plus fondamentales de l'humanité. Chacune est un vecteur spécifique de manifestation, influencée par l'état intérieur de la personne et ses connexions énergétiques aux autres centres.

Connaître la "voix" dominante activée dans son BodyGraph, ainsi que ses potentiels désalignements, permet de mieux comprendre comment et pourquoi nous exprimons ce que nous exprimons, et d'ajuster notre communication de façon plus consciente et authentique.

DÉFIS ET OPPORTUNITÉS DU CENTRE DE LA GORGE

Le Centre de la Gorge, en tant que centre de la manifestation, porte en lui un immense potentiel créatif. Il est le pont entre l'énergie intérieure et l'expression extérieure, mais ce rôle clé peut aussi exposer l'individu à des déséquilibres liés au conditionnement et à l'usage inconscient de la parole ou de l'action.

LES PIÈGES DU CONDITIONNEMENT

Besoin d'attention (centre non défini) : La tendance à vouloir constamment se faire remarquer ou à parler pour combler un vide peut créer de l'instabilité et entraîner des comportements d'hyper-expression ou d'opportunisme verbal.

Rigidité expressive (centre défini) : Les personnes avec une Gorge définie peuvent avoir du mal à moduler leur expression, reproduisant systématiquement la même manière de communiquer, parfois au détriment de l'écoute ou de la flexibilité.

Surcharge du système thyroïdien : En Human Design, la santé du système thyroïdien est associée à l'équilibre du centre de la Gorge. Une utilisation excessive ou désalignée de la parole peut provoquer de la fatigue vocale, voire un affaiblissement énergétique.

STRATÉGIES POUR ÉQUILIBRER L'ÉNERGIE DE LA GORGE

Observer le contexte avant de s'exprimer : Prendre conscience des situations où la parole ou l'action sont attendues, et distinguer celles où l'attente et l'écoute sont plus justes.

Se reconnecter à son autorité intérieure : Que l'on ait la Gorge définie ou non, il est essentiel d'écouter son autorité (émotionnelle, sacrale, splénique...) avant de parler ou de manifester une action.

Travailler l'ancrage corporel et respiratoire : Prendre le temps de respirer et de se recentrer permet d'harmoniser l'expression verbale et d'éviter les prises de parole automatiques ou réactives.

TRANSFORMER LA VOIX EN OUTIL DE CLARTÉ ET D'ALIGNEMENT

En intégrant ces pratiques, la Gorge devient un véritable outil d'alignement : elle manifeste des paroles et des actions portées par une énergie cohérente, et non par la seule impulsion ou par une pression extérieure. Ce centre peut alors pleinement jouer son rôle de catalyseur créatif et de canal de manifestation authentique.

CONSEILS POUR LES PRATICIENS

Lecture du centre lors d'un accompagnement

Lors d'une analyse de BodyGraph, le Centre de la Gorge doit toujours être observé avec attention, car il révèle la manière dont l'individu se manifeste et interagit avec le monde. Son état (défini ou non) influence directement la dynamique d'expression et la façon dont l'énergie globale du schéma corporel est partagée.

Questions clés à poser

"Comment vous sentez-vous lorsque vous parlez ou vous exprimez face à un groupe ou dans l'intimité ?"

"Avez-vous l'impression de devoir souvent capter l'attention ?"

"Votre parole est-elle fluide ou avez-vous tendance à retenir ce que vous voulez exprimer ?"

Recommandations pratiques

<u>Pour une Gorge définie</u> : Invitez la personne à prendre conscience de la puissance de sa voix ou de ses actes, et à cultiver une écoute active pour mieux équilibrer parole et silence.

<u>Pour une Gorge non définie</u> : Proposez des outils pour identifier le conditionnement, tels que des moments de retrait avant de parler, et des pratiques pour se détacher de la pression à "occuper l'espace verbal".

En soutien énergétique

Proposez des exercices de relaxation de la gorge et du diaphragme (chant, respiration profonde, méditation sur le chakra de la gorge).

Pour les personnes sujettes au stress vocal ou à des tensions liées à la communication, recommandez des pauses régulières de silence ou des environnements propices à l'introspection.

LE POUVOIR DE LA VOIX ET DE L'ACTION

Le Centre de la Gorge dans le Design Humain est le carrefour où nos pensées, nos sentiments, nos intuitions et nos idées prennent vie et se manifestent dans le monde. C'est par notre voix que nous nous exprimons, partageons notre unicité et créons un impact. La manière dont nous utilisons ce centre détermine non seulement notre capacité à communiquer et à manifester, mais aussi notre influence et notre créativité dans notre environnement.

Que votre Centre de la Gorge soit défini ou non, comprendre son fonctionnement vous permettra d'optimiser votre communication, d'affirmer votre présence et d'influencer votre environnement avec authenticité et alignement.

LE CENTRE G

IDENTITÉ, AMOUR ET DIRECTION DE VIE

Fonction du centre : L'Identité, l'Amour et la Direction
Association biologique : Le foie, le sang
La stratégie du non-Soi du centre ouvert : Suis-je toujours à la recherche de l'amour et d'une direction?
Autre caractéristique clé : Le siège du Monopole Magnétique (porte 2)

Le Centre G, souvent appelé le centre de l'identité, est la boussole intérieure de l'être humain. C'est ici que résident les forces qui orientent notre vie et structurent notre relation à l'amour et à la direction. Véritable guide silencieux, le Centre G détermine comment nous nous identifions, où nous allons et de quelle manière nous nous relions aux autres.

Dans le système du Human Design, le Centre G est le siège du Monopole Magnétique, une force subtile mais puissante qui attire l'énergie vers une trajectoire spécifique. Ce monopole maintient l'unité entre le cristal de personnalité (lié à la conscience) et le cristal de design (lié au corps) pour créer l'illusion de la séparation. Ce mécanisme subtil nous relie à notre géométrie personnelle – cette "ligne droite" que nous parcourons tout au long de notre vie, que l'on perçoit comme un voyage fait de choix et de directions.

Au cœur du Centre G se retrouvent deux thématiques essentielles : l'Amour et la Direction. Ces énergies ne sont pas le fruit du mental ni de la volonté personnelle : elles sont directement influencées par les dynamiques invisibles qui traversent nos schémas corporels et énergétiques. L'amour, dans sa dimension universelle et intime, et la direction, en tant que cap évolutif, sont les deux piliers de notre identité humaine.

LE CENTRE G : UN POINT D'ANCRAGE MAGNÉTIQUE

La particularité du Centre G est de contenir cette force d'attraction unidirectionnelle qu'est le Monopole Magnétique, une force qui attire sans jamais repousser, et qui agit comme le moteur de notre trajectoire de vie. Ce monopole est à l'origine de notre sentiment de "masse" et de "séparation", mais aussi de notre capacité à évoluer dans un espace-temps défini.

C'est pourquoi le Centre G est souvent associé à l'image d'un conducteur ou d'un aimant : il guide subtilement notre mouvement et façonne nos rencontres et nos expériences. C'est la mécanique invisible qui explique pourquoi certaines personnes, lieux ou relations croisent notre chemin comme par "destinée".

LA BIOLOGIE DU CENTRE G : LE FOIE, CLÉ DE L'IDENTITÉ

Sur le plan biologique, le Centre G est relié au foie, organe vital dans le processus de purification et de régulation du sang. Le foie est également réputé, dans certaines traditions spirituelles, comme étant lié au processus d'incarnation. Particularité étonnante : certaines cellules du foie ne se renouvellent jamais au cours de la vie, contrairement aux cellules du reste du corps qui se régénèrent tous les sept ans.

Cette longévité cellulaire explique la forte empreinte mémorielle du foie, qui conserve la trace de nos conditionnements et de nos expériences identitaires. D'où l'importance de préserver cet organe, car ce qui affecte le foie perturbe également la stabilité de notre identité. L'abus d'alcool ou le stress chronique sont des exemples d'agressions qui peuvent déséquilibrer non seulement la santé physique mais aussi la qualité de notre boussole intérieure.

UN CENTRE LIÉ À LA GÉOMÉTRIE DE LA VIE

La magie du Centre G réside aussi dans sa connexion au temps et à l'espace. Notre géométrie personnelle – la trajectoire que nous suivons dans la vie – est le fruit d'un alignement avec cette force interne. Nous ne choisissons pas cette direction consciemment ; elle est déjà encodée et activée par le monopole magnétique. Ce dernier agit comme une force gravitationnelle invisible qui nous conduit, que nous en ayons conscience ou non, le long d'une ligne tracée dans le tissu de l'univers.

Le Centre G n'est donc pas seulement une question de "qui suis-je ?", mais aussi de "où suis-je censé aller ?" et "vers quoi suis-je attiré ?". Lorsque l'individu suit naturellement son design, il se retrouve "au bon endroit, au bon moment", sans forcer la direction que la vie lui propose.

CENTRE G DÉFINI VS NON DÉFINI

Dans la population, le Centre G est défini chez environ 57 % des personnes et non défini chez 43 %. Ces deux configurations offrent des dynamiques identitaires et relationnelles très différentes.

CENTRE G DÉFINI

Le Centre G défini confère à l'individu une identité stable et une direction interne fiable. Les personnes dotées de cette définition disposent d'une "boussole intérieure" constante qui les guide tout au long de leur vie. Leur identité est ressentie de manière naturelle et n'a pas besoin d'être validée par l'extérieur.

Caractéristiques principales :

Stabilité identitaire : L'individu sait intuitivement qui il est et quelle est sa direction dans la vie.

Présence magnétique : Une capacité à attirer naturellement les bonnes personnes ou circonstances en cohérence avec sa trajectoire.

Amour inconditionnel : Une aptitude à offrir un amour stable et à vivre l'amour sans chercher à se définir à travers les autres.

⚠ Défis fréquents :

Rigidité : Risque de s'enfermer dans une définition trop stricte de soi-même ou de sa direction, avec peu de flexibilité face aux changements.

Isolement émotionnel : Parfois, la stabilité du Centre G peut mener à une difficulté à comprendre la fluidité identitaire des autres ou à s'ouvrir pleinement à de nouvelles dynamiques relationnelles.

Stratégies d'alignement :

Pratiquer l'ouverture d'esprit et accueillir des points de vue extérieurs sans perdre son axe.

Cultiver l'humilité face aux détours imprévus du parcours de vie.

Valoriser la capacité à être un repère pour les autres, sans pour autant s'imposer ou rigidifier l'échange.

"Je suis ancré dans mon identité et guidé par ma géométrie. Ma direction est claire et mon amour constant, je manifeste ma vérité avec authenticité."

CENTRE G NON DÉFINI

Le Centre G non défini fonctionne comme un miroir identitaire : il capte et amplifie l'identité et la direction de ceux qui l'entourent. Cette ouverture donne une grande souplesse, mais peut aussi être source de confusion lorsqu'elle n'est pas maîtrisée.

Caractéristiques principales :

Fluidité identitaire : Capacité à endosser et à expérimenter différentes facettes de soi selon les environnements et les personnes rencontrées.

Grande adaptabilité : Talent pour s'intégrer dans divers contextes et ressentir les dynamiques relationnelles avec acuité.

Exploration de l'amour et de la direction : Le Centre G non défini apprend sur lui-même à travers la variété des expériences de vie et des relations.

⚠ **Défis fréquents :**

Quête constante d'amour ou de direction : Sentiment de "manquer de cap" ou de chercher chez les autres ce qu'il ne ressent pas en lui-même.

Vulnérabilité au conditionnement : Risque d'adopter inconsciemment l'identité ou la direction d'autrui, créant ainsi des relations de dépendance.

Stratégies d'alignement :

Se focaliser sur l'importance du "lieu" : Être au bon endroit au bon moment permet d'attirer les bonnes personnes et les bonnes expériences.

Apprendre à apprécier la richesse de sa flexibilité identitaire sans s'y perdre.

Créer des espaces personnels pour revenir à soi et filtrer les influences extérieures.

"Je suis un explorateur du monde et de moi-même. Je me laisse traverser par la diversité de l'amour et de la direction, en honorant la sagesse de l'instant et du lieu."

INTERACTION AVEC LES AUTRES CENTRES

Le Centre G agit comme le cœur énergétique du BodyGraph. Il influence profondément la manière dont nous vivons notre identité et la direction que nous suivons, tout en étant un point de convergence stratégique pour les autres centres.

LA GORGE : LA VOIX DE L'IDENTITÉ

La connexion la plus significative du Centre G est avec le Centre de la Gorge. Lorsqu'il est relié à la Gorge, le Centre G offre la possibilité d'exprimer son identité, son amour et sa direction à travers la communication ou l'action.

G + Gorge via la Porte 1 ou 2 : Manifestation de la créativité ou de la direction personnelle à travers une expression fluide et magnétique.

G + Gorge via la Porte 7 ou 13 : Capacité à guider les autres (leadership) ou à partager des expériences passées au service de la communauté.

Un Centre G défini connecté directement à la Gorge favorise la clarté dans l'expression de soi, alors qu'un Centre G non défini relié à la Gorge amplifie la diversité des identités selon le contexte et les interlocuteurs.

LE CŒUR/EGO : L'AMOUR ET LA VOLONTÉ

Lorsqu'il est connecté au Centre Ego, le Centre G influence la manière dont l'individu manifeste son autorité et son amour dans le domaine matériel et relationnel.

G + Cœur via le Canal 25/51 : Le courage de l'amour inconditionnel et la capacité à se positionner avec intégrité dans des situations de défi.

G + Cœur via le Canal 10/20 ou 10/57 : Une expression forte de l'amour de soi qui se traduit en comportements alignés avec la survie et l'instinct.
Cette interaction renforce l'ancrage de l'identité dans la matière et la volonté d'affirmer ses valeurs dans la sphère sociale ou professionnelle.

LA RATE OU LE PLEXUS SOLAIRE : INSTINCT OU ÉMOTION

Un Centre G connecté à la Rate ou au Plexus Solaire influence la façon dont l'identité est teintée par des réponses instinctives ou émotionnelles :
G + Rate : Une direction de vie marquée par la vigilance et la sagesse instinctive, avec des choix motivés par la survie ou la sécurité.
G + Plexus Solaire : L'identité devient le reflet d'une trajectoire émotionnelle, où les vagues affectives guident la prise de décision et les relations.

Dans tous les cas, le Centre G agit comme le centre de gravité du schéma corporel. Il relie la verticalité des centres supérieurs (Couronne, Ajna, Gorge) avec les centres moteurs et émotionnels plus bas. Cette position stratégique en fait un véritable carrefour énergétique, qui assure la cohérence entre l'identité profonde et l'expression dans le monde physique.

Enfin, qu'il soit défini ou non, le Centre G résonne profondément avec la notion de "lieu". Sa géométrie influence les relations que l'on attire, les circonstances de vie, et même la manière dont l'amour est vécu. Être au "bon endroit" permet à l'individu de suivre sa ligne de vie naturelle et de manifester son identité avec fluidité.

LES 8 PORTES DU CENTRE G : IDENTITÉ, AMOUR ET DIRECTION
Les Portes de l'Amour et de la Direction

Le Centre G contient huit portes fondamentales, regroupées en deux thématiques majeures : la Croix du Sphinx (orientation) et la Croix du Vaisseau de l'Amour (amour universel). Ces portes façonnent la manière dont l'individu vit son identité, dirige sa trajectoire et exprime son amour.

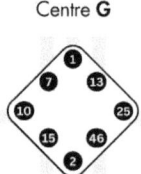

Centre **G**

LES PORTES DE LA DIRECTION – CROIX DU SPHINX
Porte 2 – La Direction du Soi Supérieur

Thème : Je guide ou je ne guide pas.
La Porte 2 est le siège du Monopole Magnétique, la force intérieure qui guide

silencieusement la personne le long de sa trajectoire de vie. Cette porte représente l'intuition de la bonne direction, une guidance subtile qui nous pousse vers notre destinée.

⚠ Désalignement : Perte de repères ou sentiment de dérive lorsque l'on n'écoute pas cette guidance intérieure.

Porte 7 – Le Leadership Collaboratif

Thème : J'oriente ou je ne guide pas.
C'est la porte du leadership démocratique. Elle confère la capacité de diriger les autres dans un cadre collectif, avec bienveillance et dans le respect de l'énergie du groupe.

⚠ Désalignement : Vouloir imposer sa vision ou ses choix, au lieu de collaborer.

Porte 13 – Le Gardien des Histoires

Thème : J'écoute ou je n'écoute pas.
Cette porte est tournée vers le passé. Elle porte la mémoire collective et la sagesse issue des expériences humaines. L'individu agit comme un "conservateur" ou un narrateur des leçons de vie.

⚠ Désalignement : Rester prisonnier du passé ou de souvenirs pesants.

Porte 1 – L'Expression de la Créativité

Thème : J'exprime ou je n'exprime pas.
C'est la porte de l'expression créative individuelle. Elle favorise l'art, l'innovation, et la capacité à manifester une identité unique dans le monde.

⚠ Désalignement : Se retenir de partager sa créativité par peur du regard des autres.

LES PORTES DE L'AMOUR – CROIX DU VAISSEAU DE L'AMOUR

Porte 10 – L'Amour de Soi

Thème : Je m'honore ou je me rejette.
Cette porte favorise l'acceptation de soi et l'alignement avec son comportement authentique. Elle est essentielle pour vivre l'amour de soi sans compromis.

⚠ Désalignement : Se juger durement ou adopter des comportements contraires à sa nature.

Porte 15 – L'Amour de l'Humanité

Thème : J'accepte ou je n'accepte pas.
C'est la porte de l'acceptation des différences et de l'amour universel. Elle pousse à accueillir l'autre dans toute sa diversité.

⚠ Désalignement : Se perdre dans des comportements extrêmes ou refuser la diversité.

Porte 25 – L'Amour Universel

Thème : J'aime sans condition ou je me ferme.
Cette porte incarne l'innocence et l'amour pur, détaché de toute attente. Elle est reliée à la capacité de pardonner et d'ouvrir son cœur à l'autre.

⚠ Désalignement : Difficulté à faire confiance ou à rester ouvert face aux blessures passées.

Porte 46 – L'Amour du Corps et de la Vie

Thème : J'embrasse ou je rejette l'expérience.
Elle célèbre l'amour de l'incarnation physique et des expériences de vie à travers le corps. Elle invite à vivre pleinement les aventures humaines.

⚠ Désalignement : Négliger son corps ou éviter l'expérience par peur de l'échec ou du jugement.

Ensemble, ces huit portes forment un cercle d'amour et de direction, créant un équilibre entre l'identité individuelle et la capacité à interagir harmonieusement avec le collectif. Les Portes du Sphinx orientent vers la trajectoire personnelle et la contribution au monde, tandis que celles du Vaisseau de l'Amour enseignent l'ouverture du cœur et la compassion.

DÉFIS ET OPPORTUNITÉS DU CENTRE G

Le Centre G, véritable pivot de l'identité, de l'amour et de la direction, présente à la fois de formidables potentiels et des pièges liés au conditionnement. Que le centre soit défini ou non, il est intimement lié à la manière dont l'individu se perçoit et se positionne dans le monde.

LES PIÈGES DU CONDITIONNEMENT

Perte de repères (centre non défini) : Le besoin constant de rechercher un lieu, une identité ou un amour stable peut mener à des choix de vie ou des relations basées sur la peur du vide intérieur.

Rigidité identitaire (centre défini) : Le Centre G défini peut amener à refuser les changements ou à rester figé dans une direction ou une perception de soi qui n'est plus alignée avec l'évolution naturelle.

Dépendance relationnelle : Le Centre G non défini est particulièrement vulnérable à l'influence extérieure, risquant de se perdre dans l'identité ou la direction d'autrui.

STRATÉGIES POUR ÉQUILIBRER LE CENTRE G

Pour le centre défini :
- Favoriser la souplesse intérieure et l'ouverture à de nouvelles trajectoires.
- Prendre du recul pour s'assurer que la direction actuelle est toujours alignée avec ses valeurs profondes.
- Être un guide inspirant sans rigidité.

Pour le centre non défini :
- Cultiver la conscience de l'environnement : "Suis-je au bon endroit, entouré des bonnes personnes ?"
- Développer une capacité d'observation intérieure pour différencier sa voix de celle des autres.
- Prendre soin de créer des espaces-ressources où l'on peut se reconnecter à soi sans influences externes.

OPPORTUNITÉ D'ÉVOLUTION

Le Centre G invite à honorer la géométrie unique de chacun, en accueillant l'amour et la direction comme des forces naturelles plutôt que comme des quêtes mentales. En développant une conscience fine de ce centre, l'individu peut transformer la recherche d'identité ou d'amour en une acceptation profonde de son propre chemin de vie.

CONSEILS POUR LES PRATICIENS

Observation du centre

Lors d'une lecture de BodyGraph, identifier rapidement si le Centre G est défini ou non permet de comprendre comment la personne se relie à son identité et à son environnement.

Évaluer la connexion du Centre G avec la Gorge ou le Cœur est également clé pour saisir la dynamique d'expression ou de volonté dans le parcours de l'individu.

Questions clés à poser

"Est-ce que vous vous sentez souvent en quête de direction ou d'amour ?"

"Avez-vous le sentiment d'avoir une identité stable, ou est-elle influencée par vos relations ou votre lieu de vie ?"

"Comment choisissez-vous les lieux ou les environnements dans lesquels vous évoluez ?"

Pratiques recommandées

Pour un centre G défini : Encourager la personne à observer ses propres schémas de direction et à s'ouvrir à la souplesse, notamment dans les moments de transition ou de changement.

Pour un centre G non défini : Travailler sur l'écoute de son ressenti vis-à-vis des lieux, des personnes et des environnements pour apprendre à reconnaître les espaces où l'alignement naturel est présent.

En soutien énergétique

Recommander des pratiques de recentrage corporel (ancrage dans la nature, soin du foie, exercices de respiration profonde).

Proposer des rituels de "retour à soi", comme le journaling autour des questions d'identité ou des bilans réguliers sur les ressentis liés à l'environnement.

Le Centre G est un centre clé pour la compréhension de la trajectoire de vie et de l'amour universel. En reconnaissant ses schémas (stabilité ou fluidité), chacun peut apprendre à naviguer avec plus de clarté, en acceptant le rôle essentiel du "lieu juste" et de la géométrie personnelle dans son épanouissement.

LE CENTRE CŒUR

PUISSANCE DE LA VOLONTÉ ET FONDEMENT DE L'ESTIME DE SOI

Fonction du centre : L'ego et la volonté

Association biologique : Le cœur, l'estomac, la glande du thymus et les lymphocytes T et la vésicule biliaire

La stratégie du non-Soi du centre ouvert : Suis-je constamment en train de vouloir prouver ma valeur ?

Autre caractéristique clé : La complexité physiologique (une fonction biologique majeure pour chacune des portes dans un centre contenant 4 portes

Le Centre du Cœur/Ego est l'un des quatre centres moteurs du BodyGraph. Il est le moteur de la volonté, du courage et de l'engagement personnel dans le Human Design. Là où d'autres centres sont liés à la conscience ou à l'inspiration, le Centre du Cœur/Ego se distingue par sa connexion directe aux dynamiques de survie, de ressources et de contribution à la communauté. Sa puissance énergétique en fait un centre essentiel pour comprendre les dynamiques de pouvoir, de contrôle et d'autorité dans la société.

FONCTION ET RÔLE

Sa fonction est claire : soutenir les besoins matériels et tribaux par l'expression de la volonté et la gestion des ressources. Le Cœur/Ego pousse à se battre pour nourrir, protéger, soigner et défendre la tribu ou le groupe auquel on appartient. C'est un centre profondément lié à la solidarité, à l'économie et au sens de l'honneur.

Ce centre nous rappelle que l'humanité est d'abord et avant tout un être social : la survie, la prospérité et la pérennité d'un groupe passent par l'engagement et la force de volonté de ses membres.

BIOLOGIE ASSOCIÉE

Biologiquement, le Centre du Cœur/Ego est relié à quatre organes majeurs, chacun correspondant à l'une de ses portes :

Le **cœur** (Porte 21) : énergie vitale et capacité à contrôler les ressources.

L'**estomac** (Porte 40) : lien au travail, à la capacité de nourrir et de soutenir les autres.

Le **thymus et les lymphocytes T** (Porte 26) : système immunitaire et capacité de résilience.

La **vésicule biliaire** (Porte 51) : énergie compétitive et courage face aux défis.

Cette complexité biologique fait du Cœur/Ego un centre directement connecté à la vitalité physique et à la capacité à s'impliquer pleinement dans la gestion des besoins fondamentaux.

SA PLACE DANS LES CIRCUITS

Le Centre du Cœur/Ego est principalement associé au circuit tribal (lié à la famille, la communauté et la sécurité collective) et au circuit individuel via le sous-circuit « être centré » (axé sur l'autonomie et l'alignement personnel). Il n'est cependant pas rattaché directement aux circuits collectifs de compréhension ou de logique.

Sa spécificité ? Contrairement aux centres de la conscience ou aux centres moteurs collectifs, le Cœur/Ego n'est pas intéressé par le bien universel ou l'évolution abstraite : il agit dans l'instant pour préserver et défendre ce qui lui appartient et ce qui est vital pour le groupe.

UN MOTEUR PROFONDÉMENT TRIBAL

En tant que moteur, le Cœur/Ego symbolise la volonté de survivre et de protéger la communauté. Il est à l'origine des structures sociales basées sur la hiérarchie, le territoire et la possession. Cette énergie se traduit par des actions concrètes : protéger son clan, nourrir sa famille, gérer les ressources communes, bâtir des systèmes d'échange et de soutien.

C'est le "je veux, je peux, je mérite" du BodyGraph. L'énergie du Cœur/Ego construit la base matérielle de nos sociétés et insuffle le courage nécessaire pour affronter l'adversité et relever les défis au quotidien.

CENTRE DU CŒUR/EGO DÉFINI VS NON DÉFINI

Dans la population, le Centre Cœur est défini chez environ 35 % des personnes et non défini chez 65 %.

CŒUR/EGO DÉFINI

Le Centre du Cœur/Ego défini donne accès à une volonté stable et consistante. Les personnes avec ce centre défini disposent d'une énergie intérieure constante pour s'engager, affirmer leur place dans la société et relever des défis avec endurance. Cette force de volonté leur permet de mener à terme des projets et d'assumer des responsabilités importantes, notamment au sein de leur famille, de leur communauté ou dans le cadre de leurs activités professionnelles.

Caractéristiques principales :

Volonté forte et durable : Une énergie stable pour tenir ses engagements et atteindre ses objectifs.

Soutien naturel à la tribu : Prise en charge des besoins matériels et émotionnels du groupe, sens profond du devoir et de la protection.

Estime de soi solide : Une conscience intrinsèque de sa propre valeur et de ses capacités.

⚠ Défi principal :

Sur-sollicitation ou épuisement : Le risque de prendre trop de responsabilités ou de s'engager au-delà de ses limites, par loyauté ou par besoin de contrôle.

Conseils pratiques :

Apprendre à déléguer et à respecter ses limites énergétiques.

Cultiver l'art de dire non lorsque cela est nécessaire pour préserver sa vitalité.

Conscientiser que la valeur ne réside pas uniquement dans l'accomplissement matériel ou le soutien aux autres.

"Je suis un pilier de force et de soutien, guidé par ma volonté intérieure et capable d'honorer mes engagements avec cœur et équilibre."

CŒUR/EGO NON DÉFINI

Le Centre du Cœur/Ego non défini fonctionne de manière variable et amplificatrice. Ces personnes n'ont pas un accès constant à l'énergie de la volonté. Elles sont donc susceptibles de se sentir souvent "obligées de prouver leur valeur" pour être acceptées ou reconnues. Cela peut les pousser à s'impliquer dans des engagements qui ne leur correspondent pas ou à faire des promesses qu'elles auront du mal à tenir.

Caractéristiques principales :

Adaptabilité sociale : Une grande capacité à s'ajuster aux attentes et aux besoins du groupe.

Sensibilité à la reconnaissance extérieure : Un besoin de validation pouvant créer de la pression à "faire ses preuves".

Variabilité dans la volonté : Des phases d'élan et d'action suivies de périodes de baisse d'énergie.

⚠ Défi principal :

Le piège de la surcompensation : Chercher à "prouver sa valeur" par des efforts excessifs, ce qui peut conduire à l'épuisement ou à des troubles physiques (cœur, estomac, système immunitaire).

Conseils pratiques :

Apprendre à respecter ses propres limites sans chercher à se conformer aux attentes des autres.

Éviter de prendre des engagements impulsifs, surtout lorsqu'ils sont motivés par le désir de plaire ou de se justifier.

Reconnaître que la valeur personnelle est indépendante de la performance ou des preuves extérieures.

"Je n'ai rien à prouver. Ma valeur est inhérente, et je choisis de me respecter en suivant mon propre rythme et mes besoins profonds. »

INTERACTION AVEC LES AUTRES CENTRES

Dans le système du Human Design, le Centre du Cœur/Ego interagit de manière unique avec plusieurs autres centres, et notamment avec le Centre de la Gorge, le Centre G, le Centre de la Rate, et parfois le Centre Sacral, selon la configuration du BodyGraph.

INTERACTION AVEC LE CENTRE DE LA GORGE

Lorsqu'il est connecté à la Gorge via le canal 21/45 (Le canal de l'argent ou du contrôle), le Centre du Cœur/Ego manifeste directement sa volonté dans l'expression ou dans la gestion des ressources. Cette connexion renforce l'aspect tribal du Cœur/Ego, donnant un pouvoir d'action et de décision fort pour l'organisation et la répartition des biens ou des ressources au sein de la communauté.

Cette interaction confère à l'individu une aura naturelle d'autorité et un fort leadership, mais peut également le rendre parfois dominateur ou trop attaché à la notion de possession matérielle.

INTERACTION AVEC LE CENTRE G

Lorsqu'il est relié au Centre G via le canal 25/51 (Le canal de l'initiation), le Cœur/Ego alimente l'individu d'une énergie compétitive et d'un désir d'éveil spirituel ou de dépassement personnel. Ce canal favorise l'expérimentation de situations de "choc" ou de transformation qui mènent à un renforcement de l'identité (Centre G).

Ce lien est souvent présent chez des personnes qui sont des pionniers ou des "guerriers" spirituels, affrontant la vie avec courage et recherche de sens profond.

INTERACTION AVEC LE CENTRE DE LA RATE

Par le canal 26/44 (Le canal de l'entrepreneur ou du vendeur), le Cœur/Ego communique directement avec la Rate, favorisant la stratégie, la persuasion et la protection des ressources tribales. Ici, l'énergie du Cœur/Ego est au service de la survie et de la mémoire instinctive du Centre splénique.

Cette synergie permet de sécuriser la communauté via des échanges commerciaux, la gestion des biens et des accords bénéfiques pour le groupe.

INTERACTION INDIRECTE AVEC LE CENTRE SACRAL (VIA LA TRIBU)

Bien que le Cœur/Ego ne soit pas directement relié au Centre Sacral, sa dynamique tribale interagit souvent avec l'énergie vitale du Sacral par le biais d'autres connexions dans le circuit tribal (notamment à travers le Centre de la Rate ou le Centre de la Gorge). Il participe ainsi à nourrir la vitalité et la pérennité de la communauté.

Le Centre du Cœur/Ego, en tant que moteur énergétique, cherche à matérialiser la volonté et l'engagement au service du collectif. Sa connexion aux centres de l'expression (Gorge), de l'identité (G), ou de la survie (Rate), lui permet de jouer un rôle fondamental dans la structure sociale et dans la gestion des ressources matérielles et émotionnelles d'un groupe.

DÉFIS & OPPORTUNITÉS DU CENTRE DU CŒUR/EGO
LES PIÈGES DU CONDITIONNEMENT

Le Centre du Cœur/Ego est soumis à l'une des pressions les plus répandues dans notre société : celle de devoir prouver sa valeur, mériter sa place et démontrer sa force de volonté. Ce conditionnement affecte particulièrement les personnes avec un Cœur non défini, qui peuvent facilement tomber dans des dynamiques épuisantes.

Le syndrome du "je dois me prouver" : Sentiment récurrent de devoir prouver sa compétence, son courage ou sa loyauté, même lorsque cela n'est ni nécessaire ni bénéfique.

Surmenage et épuisement physique : Tentatives de maintenir un niveau d'engagement ou de performance basé sur l'ego, ce qui fragilise les organes liés à ce centre (cœur, estomac, système immunitaire).

Inconstance dans la volonté : Chez les Cœurs non définis, la volonté peut fluctuer, provoquant des sentiments de honte ou d'échec lorsque l'énergie n'est pas constante.

Pression sociale : Notre culture valorise la productivité et la réussite matérielle, renforçant le besoin de toujours "faire plus" pour exister et être reconnu.

STRATÉGIES POUR ÉQUILIBRER LE CŒUR/EGO

Cœur défini : Apprendre à utiliser sa volonté de manière consciente et respectueuse de ses propres limites. Éviter les engagements excessifs dictés par l'orgueil ou le besoin de contrôler.

Cœur non défini : Reconnaître que la valeur personnelle ne repose pas sur des preuves à apporter ou des défis à relever. Se détacher du besoin de validation extérieure et honorer son rythme naturel.

OPPORTUNITÉS D'ÉVOLUTION

Pour tous : Le Centre du Cœur/Ego est une invitation à redéfinir la notion de mérite et de succès. Il nous rappelle que la véritable force vient de l'alignement avec soi-même, pas d'une quête effrénée de reconnaissance.

Apprendre à dire non, à poser des limites et à honorer ses besoins fondamentaux, sans céder à la pression du "toujours plus".

CONSEILS POUR LES PRATICIENS

Observation du centre

Lors d'une analyse de BodyGraph, identifiez si le Centre du Cœur/Ego est défini ou non, et observez s'il est relié à la Gorge ou à d'autres moteurs, pour mieux comprendre l'origine de la volonté de la personne.

Évaluez également comment ce centre peut interagir avec l'estime de soi et la manière dont la personne gère ses engagements matériels et communautaires.

Questions clés à poser

"Cherchez-vous souvent à prouver votre valeur, même quand ce n'est pas nécessaire ?"

"Avez-vous tendance à accepter trop de responsabilités ou à vous sentir coupable si vous ne donnez pas toujours le maximum ?"

"Ressentez-vous parfois que votre volonté est fluctuante ou influencée par votre entourage ?"

Pratiques recommandées

Pour un centre défini : Encourager à canaliser l'énergie de la volonté sur des engagements alignés avec les véritables valeurs personnelles. Travailler sur l'équilibre entre ambition et écoute de soi.

Pour un centre non défini : Proposer des exercices d'auto-observation et de déconditionnement (journal de bord, méditation), pour prendre conscience des situations où l'envie de prouver quelque chose domine les décisions.

En soutien énergétique

Inviter à prendre soin du corps physique (alimentation, gestion du stress) pour protéger les organes liés au Cœur/Ego.

Recommander la mise en place de "pauses de recentrage" après des engagements ou échanges intenses, surtout pour les Cœurs non définis.

LES 4 PORTES DU CENTRE DU CŒUR/EGO

Centre **Sacral**

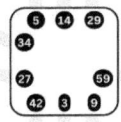

Chaque porte du Centre du Cœur/Ego exprime une dynamique particulière liée à la volonté, à l'engagement et à la contribution dans la sphère tribale ou personnelle. Ces portes façonnent la manière dont nous utilisons notre force intérieure pour agir dans le monde.

Porte 21 : La Porte du Contrôle

Voix : "Je contrôle ou je ne contrôle pas."
Thème → Gestion des ressources et leadership sur la communauté.
Cette porte détient l'énergie de celui ou celle qui veut organiser et contrôler la sphère matérielle pour garantir la sécurité de la tribu. Elle représente le pouvoir de diriger, de répartir les ressources et de faire respecter les règles pour le bien collectif.
⚠ En désalignement : Tendance à la rigidité, à l'autoritarisme ou à l'hyper-contrôle.

Porte 40 : La Porte de la Solitude

Voix : "Je peux ou je ne peux pas."
Thème → Service envers la tribu et gestion de l'effort personnel.
Cette porte porte en elle la force du travailleur dévoué qui soutient la communauté. Elle offre une énergie puissante pour travailler, contribuer et prendre soin de la famille ou du groupe, mais réclame également un besoin crucial de repos et de temps pour soi.
⚠ En désalignement : Épuisement dû à l'incapacité à poser des limites ou à demander de l'aide.

Porte 26 : La Porte du Grand Vendeur

Voix : "Je réussis ou je ne réussis pas."
Thème → L'art de convaincre, de négocier et de protéger les intérêts tribaux.
C'est la porte des stratèges et des communicants habiles. Elle détient la capacité de « vendre » des idées ou des produits pour le bénéfice de la tribu. Elle protège les ressources, sait influencer et valorise ce qui mérite d'être conservé.
⚠ En désalignement : Manipulation, exagération ou mensonges pour obtenir

des avantages personnels.

Porte 51 : La Porte du Choc ou de l'Initiation
Voix : "Je suis prêt ou je ne suis pas prêt."
<u>Thème</u> → Le courage face à l'inconnu, la capacité à provoquer des changements.
C'est la porte du guerrier ou du compétiteur, toujours prêt à affronter l'adversité et à se dépasser. Elle initie des transformations profondes en créant des situations de rupture ou de "choc" qui éveillent la conscience.
⚠ <u>En désalignement</u> : Provocation excessive ou compétition destructrice.

Les 4 portes du Centre du Cœur/Ego incarnent la dualité entre le besoin de protéger la tribu (ressources, sécurité, travail) et la quête d'affirmation personnelle (courage, stratégie, pouvoir). Elles sont toutes ancrées dans des dynamiques de volonté et de survie, et révèlent la manière dont nous pouvons soutenir nos communautés tout en respectant nos propres limites.

En somme, comprendre le Centre du Cœur/Ego est essentiel pour accompagner chacun à mieux gérer ses engagements et sa relation au pouvoir personnel. C'est un levier puissant pour cultiver une volonté saine, respectueuse de soi et des autres.

LE CENTRE SACRAL

VITALITÉ, FERTILITÉ ET RÉPONSE INSTINCTIVE

Fonction du centre : La production d'énergie vitale, la fertilité, la capacité de réponse à la vie

Type de centre : Moteur énergétique

Association biologique : Ovaires et testicules

Stratégie du non-Soi du centre ouvert : Est-ce que je dis toujours oui alors que je n'ai pas l'énergie ou l'envie ?

Le Centre Sacral est l'un des piliers fondamentaux du schéma corporel du Human Design. Véritable moteur de la vitalité humaine, il est le point central de la force de vie, de la fertilité et de l'endurance. C'est le seul centre qui génère l'énergie pure et durable nécessaire à la création, à la reproduction, et à l'accomplissement des tâches quotidiennes. Situé juste sous le Centre G, il incarne la puissance de la vie en action.

Le Centre Sacral agit comme un réservoir infini d'énergie disponible, mais seulement pour ceux qui savent écouter sa réponse. Sa vocation première est de répondre : répondre aux stimuli extérieurs, aux demandes de la vie, aux opportunités qui se présentent. Contrairement aux centres qui initient ou qui dirigent, le Sacral ne « décide » pas, il réagit. C'est une intelligence corporelle instinctive, muette mais extrêmement précise, qui guide par des sensations ou des signaux intérieurs bien distincts.

Ce centre est étroitement lié aux ovaires et aux testicules, symboles de fertilité et de potentiel créatif brut. Cette énergie sacrale n'est pas seulement reproductive au sens biologique du terme ; elle s'exprime aussi à travers la créativité, le travail, l'engagement corporel et l'aptitude à générer de la matière, des projets et des réalisations concrètes.

LA PUISSANCE DU MOTEUR SACRAL

Le Centre Sacral est le moteur énergétique le plus puissant et le plus constant du BodyGraph. Avec ses neuf portes qui relient divers circuits (individuel, tribal, collectif), il représente la complexité et la richesse de la vitalité humaine. Il agit comme un centre d'intégration de plusieurs dynamiques :

La reproduction et la sexualité, via les circuits liés à la défense et à la pérennité de l'espèce.

Le travail et la productivité, via les circuits tribaux et collectifs.

La transformation personnelle, par le biais du circuit individuel.

Seuls les Générateurs et Générateurs-Manifesteurs possèdent un Centre Sacral défini, ce qui les distingue par leur capacité unique à produire de l'énergie de manière constante. Ils représentent près de 70 % de la population, ce qui fait du Sacral l'un des centres les plus influents dans la dynamique collective.

UN CENTRE DE RÉPONSE ET DE DISPONIBILITÉ

Le Centre Sacral fonctionne exclusivement en réponse : il « dit oui » ou « non » à ce qui est proposé par l'extérieur. Cette réponse peut se manifester sous la forme d'un ressenti corporel immédiat – une ouverture, un élan d'énergie pour un « oui », ou au contraire une fermeture, une lourdeur, une absence de vitalité pour un « non ». Cette dynamique sacrale est souvent décrite comme la base de la stratégie du Générateur : « attendre de répondre ».

En cela, le Sacral est fondamentalement lié au respect des cycles. Il invite à attendre le bon moment pour agir, afin d'éviter l'épuisement et la frustration, deux signaux majeurs de désalignement pour ce centre.

Biologiquement, le Centre Sacral est intimement lié aux ovaires et aux testicules, véritables réservoirs de la fertilité et de la perpétuation de la vie. Cette association directe avec les organes reproducteurs fait de ce centre l'un des plus puissants en matière de vitalité et de création. Mais cette puissance dépasse le simple cadre biologique : elle est aussi symbolique de la manière dont nous « fécondons » des idées, des projets, et des relations.

Chez l'homme et chez la femme, le Centre Sacral fonctionne selon des rythmes différents. La courbe de fertilité masculine, par exemple, atteint son apogée tôt (vers 18 ans) avant de décliner lentement, tandis que chez la femme, le pic de fertilité se situe vers le début de la trentaine, avec une décroissance plus progressive. Cette différence cyclique illustre la manière dont le Sacral intègre le cycle naturel de la vie et de la mort.

De plus, tous les centres situés sous la Gorge (excepté le Cœur/Ego) sont connectés au Sacral, ce qui en fait une sorte de plaque tournante énergétique du schéma corporel. Cette disposition particulière place le Centre Sacral au cœur de la dynamique de notre vitalité physique et émotionnelle.

CENTRE SACRAL DÉFINI VS NON DÉFINI

Défini chez environ 70 % de la population, le Centre Sacral l'est principalement chez les Générateurs et les Générateurs-Manifesteurs. Ce centre défini leur confère une capacité inégalée à générer de l'énergie vitale de manière stable et durable. Ces individus sont les bâtisseurs du monde : ils sont là pour produire, créer et entretenir la vie.

CENTRE SACRAL DÉFINI

Ill agit comme un moteur constant, capable de fournir une énergie soutenue pour le travail, la créativité, et la sexualité.

Caractéristiques : Les personnes avec ce centre défini sont conçues pour répondre à la vie, non pour initier. Lorsqu'elles agissent correctement, elles ressentent une satisfaction profonde. À l'inverse, lorsqu'elles s'engagent dans des tâches inadaptées à leur énergie sacrale, elles expérimentent la frustration.

⚠ Défi principal : Apprendre à attendre la bonne opportunité et à écouter le « oui » ou le « non » instinctif de leur centre.

"Je suis le bâtisseur de la vie, trouvant ma puissance dans la réponse sacrale et l'harmonie de mes cycles naturels."

CENTRE SACRAL NON DÉFINI

Amplificateur des énergies sacrales environnantes.

Caractéristiques : Ces personnes absorbent et amplifient l'énergie des Générateurs, mais sans la constance et la durabilité de ces derniers. Elles peuvent se sentir poussées à en faire trop ou à dire « oui » à tout, même quand elles n'en ont pas l'énergie.

⚠ Défi principal : Savoir dire non et reconnaître leurs limites pour éviter l'épuisement et le surmenage.

"Je suis un écho de la vitalité du monde, conscient de mes propres limites et respectueux de mon besoin de repos et de discernement."

L'INTERACTION AVEC LES AUTRES CENTRES

Le Centre Sacral est le cœur énergétique de l'être humain lorsqu'il est défini. Il interagit étroitement avec le Plexus Solaire, qui fournit la motivation émotionnelle et la passion, mais aussi avec le Centre Racine, qui est une autre source de pression et d'impulsion énergétique. Ensemble, ces centres assurent une circulation fluide entre la motivation, la vitalité et l'action.

Sa relation à la Gorge est également déterminante. Chez les Générateurs-Manifesteurs, une connexion directe entre le Sacral et la Gorge permet de manifester rapidement l'énergie en actions concrètes (canal 34/20). Chez les Générateurs classiques, ce lien est indirect, leur demandant un processus plus méthodique et ancré dans la réponse sacrale avant de passer à l'action.

Par ailleurs, l'interaction avec le Centre du Cœur/Ego, qui n'est pas directement connecté au Sacral, rappelle que le pouvoir brut du Sacral n'est pas lié à la volonté ou à la force de l'ego, mais bien à une disponibilité innée à générer la vie.

DÉFIS ET OPPORTUNITÉS

Le Centre Sacral est une source de puissance inépuisable, mais qui comporte ses propres défis, selon qu'il soit défini ou non. Gérer correctement cette énergie permet d'éviter de tomber dans la frustration ou l'épuisement.

LES PIÈGES DU CENTRE SACRAL

Le surmenage : Le Centre Sacral défini peut pousser à « faire pour faire », sans prendre le temps de s'assurer que l'action est juste. Cette surproduction mène souvent à une fatigue chronique et à une perte de plaisir dans le travail.

L'esclavage énergétique : Le Générateur qui ne suit pas son « oui » ou son « non » sacrale risque de devenir l'esclave de la demande extérieure, acceptant des tâches qui ne le nourrissent pas énergétiquement.

La difficulté à dire non (Sacral non défini) : Les personnes non définies peuvent absorber et amplifier l'énergie des autres, les rendant hyperactives ou les poussant à s'engager là où elles n'ont pas la disponibilité réelle.

OPPORTUNITÉS D'ALIGNEMENT

Canaliser l'énergie sacrale pour créer et bâtir : Lorsque la réponse sacrale est écoutée, l'individu trouve naturellement l'endroit où investir son énergie pour bâtir avec satisfaction et impact.

Respecter ses cycles naturels : L'énergie sacrale fonctionne selon des rythmes, avec des phases de haute productivité et des phases de récupération. Honorer ces cycles permet de rester durablement efficace.

Générer la vie sous toutes ses formes : Au-delà de la fertilité biologique, le Sacral est une force créative qui peut donner naissance à des projets, des idées et des relations nourrissantes.

CONSEILS POUR LES PRATICIENS

Observer la définition sacrale : Lors d'une lecture de Design, vérifiez d'abord si le centre Sacral est défini ou non. Cette information est cruciale pour comprendre la manière dont l'individu gère sa vitalité et son énergie quotidienne.

Questionner sur la relation au travail et à l'énergie : Les Générateurs frustrés ou épuisés sont souvent ceux qui ignorent la sagesse de leur centre Sacral. Interrogez sur la qualité de leur réponse instinctive et leur rapport à la satisfaction ou à la frustration.

Accompagner l'apprentissage de la réponse sacrale : Aidez vos clients à se reconnecter à leur réponse corporelle « oui/non » à travers des exercices pratiques, comme le questionnement fermé (exemple : « Est-ce que ce projet te donne de l'élan ou te fatigue-t-il rien qu'à y penser ? »).

Soutenir les centres non définis : Pour les personnes au Sacral non défini, mettez l'accent sur l'importance de savoir poser des limites et de s'autoriser à dire non sans culpabilité.

Encourager le lâcher-prise : Le mental a souvent tendance à vouloir contrôler les décisions sacrales. Aidez vos clients à faire confiance à leur réponse corporelle, même si cela défie la logique apparente.

LES 9 PORTES DU CENTRE SACRAL

Les multiples visages de la vitalité

Chaque porte du Centre Sacral offre une tonalité particulière à l'énergie générée, influençant la manière dont un Générateur ou un Générateur-Manifesteur vit sa vitalité et sa capacité à répondre. Ces portes révèlent les nuances de la fertilité sacrale sous toutes ses formes : biologiques, créatives, relationnelles et professionnelles.

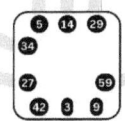

CENTRE SACRAL

Porte 34 : Le Pouvoir de rendre autonome

Essence : Canaliser la force brute vers l'indépendance et l'autonomie. Cette porte est associée à une immense puissance physique et à la capacité d'agir seul.
⚠ En désalignement : Tendance à vouloir contrôler ou à imposer sa force sans écouter l'environnement.

Porte 5 : Les Rythmes Fixes

Essence : Ancrage dans les cycles et rituels personnels. Cette porte régit la relation aux habitudes, aux rythmes biologiques et aux cycles naturels.
⚠ En désalignement : Rigidité, obsession des routines, difficulté à s'adapter aux changements.

Porte 14 : Le Savoir-Faire

Essence : La capacité à utiliser les ressources de façon judicieuse et à transformer le potentiel en abondance matérielle ou spirituelle.

⚠ En désalignement : Dilapidation des ressources ou difficulté à faire fructifier ses talents.

Porte 29 : La Complaisance

Essence : L'engagement total à dire « oui » à la vie et à ses expériences, avec courage et persévérance.

⚠ En désalignement : Dire « oui » à tout sans discernement, menant à l'épuisement.

Porte 59 : La Sexualité

Essence : La porte de l'intimité, de la reproduction et du rapprochement. Elle brise les barrières et favorise la connexion profonde avec l'autre.

⚠ En désalignement : Relations superficielles ou fusionnelles à outrance, difficulté à préserver son espace.

Porte 9 : La Focalisation

Essence : Capacité à se concentrer et à aller en profondeur sur un sujet ou une tâche spécifique.

⚠ En désalignement : Hyper-focalisation ou dispersion, difficulté à maintenir l'attention sur le long terme.

Porte 3 : L'Ordonnance

Essence : Transformation du chaos en ordre, accompagnement dans les phases de transition et de renouveau.

⚠ En désalignement : Résistance au changement ou tendance à se perdre dans la confusion avant la réorganisation.

Porte 42 : L'Évolution

Essence : Marque les cycles de fin et de renouveau, invite à conclure ce qui doit l'être pour accueillir de nouvelles opportunités.

⚠ En désalignement : Peur de terminer les choses, procrastination ou besoin de clore prématurément des cycles.

Porte 27 : La Bienveillance

Essence : Le soin et la protection, envers soi et envers les autres. C'est la porte de la nutrition, physique ou émotionnelle.

⚠ En désalignement : Tendance à s'oublier en prenant soin des autres, ou à donner sans recevoir.

Ces 9 portes révèlent la richesse du Centre Sacral et expliquent pourquoi chaque Générateur est unique dans la manière dont il génère et utilise son énergie vitale. Elles offrent également des clés précieuses pour mieux comprendre comment la force créative et reproductive peut s'exprimer à travers différents aspects de la vie.

Le Centre Sacral est bien plus qu'un simple moteur énergétique. Il est l'essence même de la vitalité humaine, le cœur battant de la création, du travail et de la sexualité. Lorsqu'il fonctionne correctement – c'est-à-dire lorsqu'il répond à la vie plutôt que de la forcer – il ouvre la voie à une existence pleine de satisfaction, d'accomplissement et de prospérité.

Pour les Générateurs et Générateurs-Manifesteurs, écouter leur réponse sacrale est une clé majeure de l'alignement. Ce centre leur permet non seulement de savoir quand agir, mais aussi de déterminer ce qui mérite vraiment leur énergie et leur engagement. À travers ses neuf portes, il offre des voies multiples pour générer la vie sous toutes ses formes : biologique, créative, relationnelle ou matérielle.

Pour les personnes au Sacral non défini, l'apprentissage réside dans la reconnaissance des limites et la capacité à ne pas se laisser entraîner par une énergie qui n'est pas la leur. Honorer leur rythme personnel et apprendre à dire non devient alors un chemin de sagesse essentiel.

En somme, que le Centre Sacral soit défini ou non, il nous enseigne tous à respecter le rythme naturel de la vie. En suivant la sagesse sacrale, chacun peut transformer sa manière d'interagir avec le monde et accéder à une expérience plus fluide, plus nourrissante et plus équilibrée de la réalité.

"Lorsque je suis à l'écoute de mon énergie sacrale, je me connecte à la source de vie et j'avance avec confiance et harmonie dans le cycle de la création."

LE CENTRE RACINE

PRESSION, ADAPTATION ET DYNAMISME VITAL

Fonction du centre : Générer la pression pour l'évolution et l'action

Type de centre : Centre moteur et centre de pression

Association biologique : Les glandes surrénales (production d'adrénaline et d'énergie Kundalini)

Stratégie du non-Soi du centre ouvert : Est-ce que je suis toujours pressé de me libérer de la pression ?

Au sein du schéma du Human Design, le Centre de la Racine incarne la force motrice brute de la survie et de l'adaptation. Situé à la base du BodyGraph, il est le point de départ de la pression énergétique qui pousse à l'action, à la transformation et à l'accomplissement. Ce centre agit comme un déclencheur permanent, nous propulsant à répondre aux défis de la vie.

Le Centre de la Racine est un centre de pression unique, qui met littéralement « sous tension » tout le système corporel en activant l'adrénaline, catalyseur de nos instincts les plus primaires et de notre capacité à agir face aux situations de stress. Il est, avec le Centre de la Tête, l'un des deux centres responsables des dynamiques de pression inhérentes à l'être humain : la pression d'évoluer et de s'adapter (Racine) et la pression de chercher des réponses (Tête).

La Racine est donc le moteur qui nous pousse à « faire », à agir, à résoudre les défis du quotidien et à aller de l'avant malgré les obstacles. Ce centre est intimement lié aux glandes surrénales, qui produisent l'adrénaline, créant la base physiologique de notre capacité à réagir face à la pression ou au danger.

UN CENTRE FONDAMENTAL POUR L'ADAPTATION

Bien que souvent négligé, le Centre de la Racine joue un rôle majeur dans la structuration de l'ensemble du BodyGraph. Il est l'origine de trois canaux d'énergie de format qui conditionnent la manière dont l'énergie se déploie dans tout le schéma corporel :

- Une énergie cyclique et progressive (commencement - milieu - fin).
- Une énergie logique et concentrée, créant une régularité et un focus dans l'action.
- Une énergie mutative, propice au changement et à l'innovation.

Ces dynamiques de format ne concernent pas uniquement l'énergie physique :

elles influencent aussi notre manière d'aborder la vie, de structurer nos cycles de travail et même nos périodes de transformation intérieure.

UNE PRESSION QUI POUSSE À LA SURVIE ET À LA CONSCIENCE

La Racine génère la pression de survivre – celle qui stimule nos instincts primaires, mais aussi celle qui, paradoxalement, nous pousse à évoluer et à accéder à plus de conscience. Sans cette pression, il n'y aurait ni mouvement, ni adaptation. Elle est donc le carburant silencieux de la vie quotidienne.

Sur le plan biologique, cette pression est l'équivalent de la réponse « combat ou fuite », avec l'adrénaline comme messager. Elle nous pousse à agir face au danger, à nous surpasser pour relever des défis ou encore à gérer des situations complexes avec efficacité.

En tant que centre moteur, la Racine est directement reliée au Sacral, au Plexus Solaire et au centre Splénique, qu'elle influence par sa charge de stress. C'est cette interaction qui explique pourquoi la Racine agit aussi bien sur notre immunité (via la Rate), nos émotions (via le Plexus Solaire) que sur notre endurance physique (via le Sacral).

Le Centre de la Racine est directement lié aux glandes surrénales, situées au sommet des reins. Ces glandes jouent un rôle fondamental dans la réponse physiologique au stress, en sécrétant notamment l'adrénaline et le cortisol. Cette production hormonale est à l'origine de la montée d'énergie nécessaire pour faire face à une situation de pression, qu'il s'agisse d'un défi physique, d'un danger ou d'un engagement important.

Sur un plan plus symbolique, la Racine agit comme le déclencheur vital qui pousse l'humain à sortir de l'inertie, à évoluer et à s'adapter face aux circonstances. C'est aussi le centre de l'énergie Kundalini, cette force ascendante qui nourrit l'ensemble des centres supérieurs, apportant avec elle la vitalité brute, mais aussi les tensions qui accompagnent l'instinct de survie.

Par ailleurs, la Racine influence trois autres centres majeurs :
Le Sacral : en conditionnant la fréquence d'énergie motrice disponible pour la création et la réponse sacrale.
Le Plexus Solaire : en intensifiant l'émotionnel via la pression du stress.
Le Centre Splénique : en renforçant la conscience instinctive et l'alerte face aux dangers (système immunitaire, survie).

Ainsi, le Centre de la Racine est à la croisée des chemins entre vitalité physique, survie instinctive et dynamique émotionnelle, faisant de lui l'un des moteurs clés de l'organisme.

CENTRE DÉFINI VS NON DÉFINI

Défini chez environ 60 % de la population, le Centre de la Racine structure profondément la gestion personnelle du stress et de la pression. La façon dont ce centre est configuré dans le BodyGraph détermine la manière dont une personne traite les pressions internes et externes.

CENTRE DE LA RACINE DÉFINI

Le stress est vécu de manière constante et stable, avec une capacité à maintenir une certaine endurance face à la pression.

Caractéristiques : Ces personnes peuvent soutenir de hauts niveaux de tension sans être nécessairement déstabilisées. Elles possèdent une régularité naturelle dans la gestion des échéances et des défis.

⚠ Défi principal : Apprendre à libérer régulièrement la pression pour éviter de la stocker à long terme, ce qui pourrait nuire à la santé physique ou mentale.

"Je suis l'ancre dans la tempête, transformant la pression en moteur de croissance et d'accomplissement."

CENTRE DE LA RACINE NON DÉFINI

Amplification de la pression extérieure et grande variabilité dans la manière de gérer le stress.

Caractéristiques : Ces personnes peuvent être facilement débordées par la pression ambiante. Elles ont tendance à vouloir se débarrasser rapidement de la pression en « finissant vite », parfois au détriment de la qualité ou du discernement.

⚠ Défi principal : Ne pas céder à l'urgence constante et cultiver un rapport serein au temps et à l'action.

"Je suis un souffle calme sous la pression du monde, guidé par la sagesse du discernement et la paix intérieure."

DÉFIS ET OPPORTUNITÉS

Le Centre de la Racine, en tant que générateur de pression, influence notre manière de gérer le stress, d'agir sous tension et de nous adapter face aux imprévus. C'est un moteur puissant qui, s'il est mal compris ou mal utilisé, peut facilement devenir source de surcharge ou de blocages.

LES PIÈGES DU CENTRE DE LA RACINE

L'urgence chronique (non défini) : Les individus au Centre de la Racine non défini tombent souvent dans le piège du « vite fait » : vouloir à tout prix se libérer de la pression en terminant les tâches rapidement, quitte à négliger la qualité ou à brûler leurs ressources.

La surcharge de stress (défini) : Ceux qui possèdent ce centre défini peuvent accumuler la pression sur le long terme sans toujours en prendre conscience, jusqu'à risquer des épisodes d'épuisement ou de surmenage.

Les décisions précipitées : Dans les deux cas, la pression à agir rapidement peut pousser à des choix impulsifs, motivés par le besoin de relâcher la tension plutôt que par une réelle stratégie alignée avec l'autorité intérieure.

OPPORTUNITÉS D'ALIGNEMENT

Transformer la pression en moteur créatif : Lorsqu'elle est canalisée correctement, la pression de la Racine devient un levier puissant pour démarrer des projets, initier des changements positifs ou encore mobiliser son énergie dans des directions productives.

Apprendre à doser l'effort : Le Centre de la Racine enseigne la gestion fine de la pression : savoir quand agir avec intensité et quand relâcher pour se ressourcer.

Stimuler la conscience corporelle et émotionnelle : En étant à l'écoute des signaux du corps (fatigue, tension, rythme cardiaque), il devient possible de désamorcer la surcharge de stress avant qu'elle ne s'installe durablement.

ENJEUX PRINCIPAUX

Pour la Racine définie : Apprendre à créer des « soupapes de décompression » (mouvement, méditation, expression créative) afin d'évacuer l'excès de pression accumulée.

Pour la Racine non définie : Ralentir le rythme et ne pas céder à l'illusion qu'il faut « finir tout, tout de suite » pour se libérer de la tension. Prendre conscience que la pression vient souvent de l'extérieur et qu'elle n'appartient pas toujours à soi.

CONSEILS POUR LES PRATICIENS

Repérer rapidement le type de Racine : Lors d'une lecture de design, identifiez si le Centre de la Racine est défini ou non. Cette information est essentielle pour comprendre la manière dont la personne traite la pression et le stress dans sa vie quotidienne.

Explorer la relation au stress : Posez des questions ciblées : « Comment gérez-vous la pression dans votre quotidien ? », « Vous sentez-vous souvent sous tension ou dans l'urgence ? » Cela permet d'identifier si la personne est dans une dynamique de non-soi liée à la Racine.

Mettre en lumière les automatismes : Aidez vos clients à prendre conscience de leurs réflexes sous pression. Les Racines non définies auront tendance à se précipiter, tandis que les Racines définies risquent de stocker la pression sans la relâcher.

Proposer des outils de gestion du stress :

Pour les Racines définies : recommander des pratiques de relâchement comme des exercices physiques, la méditation ou la respiration consciente pour évacuer l'excès de tension accumulée.

Pour les Racines non définies : insister sur l'importance de ralentir, de respecter leur propre tempo et de différencier la pression interne de celle absorbée de l'extérieur.

Relier la Racine à l'autorité intérieure : Encouragez vos clients à ne jamais prendre de décisions sous la seule influence de la pression de la Racine. Rappelez-leur de toujours se référer à leur autorité intérieure (Sacrale, Émotionnelle, etc.) avant d'agir.

Aider à reprogrammer la relation au temps : La Racine non définie souffre souvent d'un rapport biaisé au temps (« Je dois tout finir vite »). Proposez des exercices pour apprendre à savourer la lenteur et à revaloriser les pauses.

LES 9 PORTES DU CENTRE DE LA RACINE

Les dynamiques de la pression vitale

Les portes du Centre de la Racine expriment chacune une forme spécifique de pression ou de moteur intérieur. Ces portes agissent comme des « catalyseurs » qui influencent la manière dont la pression du stress, du changement ou de l'évolution se manifeste dans notre vie.

Centre **Racine**

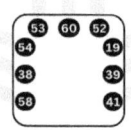

Porte 58 : La Vitalité

Essence : Le moteur de la correction et de l'amélioration. Cette porte pousse à rechercher la joie en perfectionnant le monde qui nous entoure. Elle fournit l'énergie nécessaire pour corriger les imperfections et faire progresser ce qui peut être optimisé.

⚠ En désalignement : Hyperactivité, tendance à se fixer sur ce qui ne va pas, au détriment de la gratitude.

Porte 38 : Le Combat pour le Sens

Essence : Lutte intérieure pour défendre ce qui a du sens et affronter les défis. Elle pousse à trouver la raison profonde derrière chaque bataille personnelle ou collective.

⚠ En désalignement : Entrer dans des conflits inutiles ou chercher des combats dans tous les aspects de la vie.

Porte 54 : L'Ambition

Essence : La quête d'élévation sociale, spirituelle ou matérielle. Cette porte insuffle l'énergie de gravir les échelons pour atteindre des objectifs ambitieux.

⚠ En désalignement : Ambition déconnectée de valeurs profondes ou recherche effrénée de reconnaissance extérieure.

Porte 53 : Les Commencements

Essence : L'élan pour initier de nouveaux cycles, projets ou relations. Elle incarne la dynamique des débuts et de l'ouverture vers de nouvelles expériences.

⚠ En désalignement : Accumuler des commencements sans jamais finaliser ou clôturer les projets.

Porte 60 : L'Acceptation

Essence : Pression à accepter les limites naturelles tout en étant ouvert à la mutation et à la transformation. Cette porte invite à intégrer les contraintes comme tremplins vers de nouvelles possibilités.

⚠ En désalignement : Résistance ou frustration face aux restrictions et aux barrières perçues.

Porte 52 : L'Inaction

Essence : Le calme intérieur et la capacité de concentration immobile. Cette porte enseigne à canaliser l'énergie vers la patience et la focalisation avant de passer à l'action.

⚠ En désalignement : Immobilisme ou tendance à la procrastination excessive.

Porte 19 : L'Envie

Essence : Besoin de ressources et de soutien pour satisfaire les besoins de base. Elle exprime la dépendance à la sécurité matérielle et relationnelle.
⚠ En désalignement : Insécurité permanente ou dépendance affective marquée.

Porte 39 : La Provocation

Essence : Déclencheur de réactions émotionnelles ou de prises de conscience. Cette porte incite à provoquer des changements, des émotions ou des remises en question autour de soi.
⚠ En désalignement : Conflits ou tensions inutiles créées par des provocations mal ciblées.

Porte 41 : La Contraction

Essence : Pression du désir de vivre des expériences riches et significatives. Elle marque le début de nouveaux cycles d'expérimentation, souvent liés à l'imaginaire ou aux aspirations profondes.
⚠ En désalignement : Désirs irréalistes ou impatience à vouloir vivre toujours plus sans savourer l'instant.

Le Centre de la Racine est un véritable point de départ, à la fois moteur énergétique et source de pression qui anime nos cycles d'action et d'évolution. Il est le fondement de notre rapport au stress et à la gestion du temps, conditionnant notre capacité à initier le mouvement ou à résister à l'inaction.

Qu'il soit défini ou non, le Centre de la Racine nous confronte à un défi universel : celui de transformer la pression en force créatrice plutôt qu'en source d'agitation ou d'épuisement. Lorsqu'il est bien compris et intégré, ce centre devient un levier puissant pour structurer nos actions, gérer la tension, et rester en harmonie avec nos rythmes naturels.

Les individus à Racine définie trouveront leur puissance dans leur capacité à soutenir la pression sur le long terme, tandis que ceux à Racine non définie devront apprendre à ralentir et à ne pas se laisser entraîner dans la précipitation dictée par l'extérieur.

Au cœur de notre biologie et de notre comportement énergétique, la Racine nous enseigne que la pression n'est pas une ennemie à fuir, mais une alliée précieuse, à condition de savoir la reconnaître et l'apprivoiser.

"J'accueille la pression comme un souffle de vie, et je choisis d'agir au rythme de ma propre sagesse intérieure."

LE CENTRE SPLÉNIQUE
SURVIE, INSTINCT ET CONSCIENCE DU MOMENT PRÉSENT

Fonction du centre : La survie, la vigilance intuitive et la préservation de l'intégrité physique

Type de centre : Centre de la conscience

Association biologique : Le système lymphatique et la rate

Stratégie du non-Soi du centre ouvert : Est-ce que je reste accroché à ce qui n'est plus sain pour moi ?

Le Centre Splénique est l'un des plus anciens centres de conscience de l'être humain. Fondé sur les instincts primaires de survie, il constitue notre premier système d'alerte face aux dangers. Ce centre agit comme une boussole intérieure qui capte, de manière subtile et immédiate, les signaux de l'environnement afin de protéger le corps et d'assurer sa longévité.

Relié au système immunitaire, à la rate et au système lymphatique, le Centre Splénique assure un rôle vital : celui de maintenir l'intégrité physique et de préserver la santé. Véritable sentinelle du bien-être, il émet des messages sous forme d'intuitions fugaces et précises qui signalent ce qui est sain ou malsain pour l'organisme à un instant donné.

Situé sur le côté gauche du BodyGraph, il fonctionne toujours dans l'instant présent. Contrairement au mental qui analyse et projette, le Centre Splénique est purement existentiel. Il perçoit, de manière instinctive, les environnements, les personnes et les situations qui menacent ou soutiennent notre survie.

LE CENTRE DE LA CONSCIENCE CORPORELLE

Le Centre Splénique est souvent qualifié de « conscience cellulaire » ou de « radar intérieur ». Sa capacité à alerter rapidement, avant même que le mental n'intervienne, en fait un allié indispensable pour la préservation de la vie. Son fonctionnement s'apparente à celui d'un système d'alarme biologique, où l'intuition agit comme une voix douce mais impérieuse, difficile à percevoir si l'on est coupé de son ressenti corporel.

Dans le Human Design, ce centre est également associé à la peur, mais dans sa forme saine : une peur qui mobilise l'attention pour favoriser la survie. La conscience splénique ne génère pas une peur paralysante, mais plutôt une vigilance instinctive. Elle nous guide vers les environnements sûrs et nous éloigne des situations potentiellement nuisibles.

Particularité importante : Le Centre Splénique est toujours tourné vers la protection immédiate, sans garantie pour le futur. Son intuition ne se répète jamais : elle prévient une seule fois et s'efface. C'est ce qui rend son écoute précieuse et parfois difficile à capter, tant le mental moderne tend à dominer ce subtil message.

UN CENTRE ANCRÉ DANS LA BIOLOGIE

Sur le plan biologique, le Centre Splénique est profondément relié à la rate et au système lymphatique, essentiels pour la défense immunitaire. Avec près de 28 % de nos cellules appartenant à ce système, on comprend l'importance de cette structure dans le maintien du bien-être corporel.

On pourrait comparer le Centre Splénique à un vaste réseau sensoriel réparti dans tout le corps, fonctionnant comme une armée de petits capteurs – goûteurs, auditeurs, et "nez" internes – toujours en état d'alerte. Sa fonction est de détecter toute intrusion (toxines, dangers, personnes nocives) et d'activer un mécanisme de protection immédiat.

Le Centre Splénique est intimement lié à deux structures corporelles majeures : la rate et le système lymphatique.

La **rate**, organe central de la purification sanguine, agit comme un centre de filtration et de détection des agents pathogènes.

Le **système lymphatique**, qui représente une part importante de nos cellules, est le système de défense silencieux de l'organisme, activant des réponses immunitaires et protégeant le corps de l'envahissement.

Cette structure biologique assure la cohérence entre la physiologie du corps et la vigilance intuitive du Centre Splénique. Il est un organe "sensoriel" non conventionnel qui veille à notre santé sans passer par la réflexion mentale.

Les traditions chamaniques et anciennes traditions de santé reconnaissent cette forme de conscience corporelle, perçue comme un "savoir du corps" : cette intelligence innée et silencieuse qui "sait" si un lieu est sûr, si une personne est saine ou si un aliment est adapté.

En Human Design, le Centre Splénique est donc non seulement le garant de la santé physique par le biais de son système immunitaire, mais aussi le protecteur de notre intégrité énergétique.

CENTRE SPLÉNIQUE DÉFINI VS NON DÉFINI

Défini chez environ 55 % des personnes, le Centre Splénique donne une stabilité à l'intuition et à la conscience corporelle.

CENTRE SPLÉNIQUE DÉFINI

Source fiable d'intuition instantanée, de bien-être constant et de stabilité face aux dangers.

Caractéristiques : Les personnes dotées d'un Centre Splénique défini perçoivent naturellement ce qui est sain ou malsain pour elles, avec une réponse immédiate, physique ou intuitive. Elles peuvent donner l'impression d'avoir un « radar naturel » face aux situations ou personnes toxiques.

⚠ Défi principal : Apprendre à se fier à cette voix subtile et à ne pas laisser le mental la submerger ou la rationaliser après coup.

« Je fais confiance à ma sagesse corporelle, qui me guide vers la sécurité et l'harmonie. »

CENTRE SPLÉNIQUE NON DÉFINI

Amplificateur des sensations de bien-être ou de mal-être de l'environnement et des autres.

Caractéristiques : Les personnes avec un Centre Splénique non défini sont hypersensibles à la santé et à la vitalité des personnes et lieux autour d'elles. Elles peuvent absorber les peurs ou les insécurités externes et avoir du mal à discerner leurs propres ressentis des conditionnements environnants.

⚠ Défi principal : Ne pas s'attacher à ce qui n'est pas sain (personnes, substances, habitudes) par besoin de sécurité ou par peur du vide.

« Je suis à l'écoute de mon ressenti intérieur et apprends à différencier mes besoins réels de ceux imposés par l'extérieur. »

Défis et Opportunités

Le Centre Splénique, qu'il soit défini ou non, propose un terrain complexe entre l'instinct de survie, la gestion des peurs et la relation au bien-être corporel. Lorsqu'il est bien compris et respecté, il devient une boussole précieuse pour la santé et l'équilibre personnel. Mais son potentiel peut être entravé par certains pièges classiques du conditionnement.

LES PIÈGES DU CENTRE SPLÉNIQUE

L'oubli de l'intuition (Splénique défini) : Les personnes au centre défini peuvent ignorer la petite voix intuitive, la laissant être noyée par le mental, jusqu'à se retrouver dans des situations malsaines malgré leur radar intérieur.

L'attachement aux habitudes nocives (Splénique non défini) : La peur de perdre une source de confort peut mener à s'accrocher à des environnements, des personnes ou des substances qui nuisent à la santé ou au bien-être.

La sur-sensibilité à l'environnement : Pour le centre non défini, le fait d'absorber la peur ou le mal-être d'autrui peut provoquer un stress chronique, voire des comportements de dépendance ou d'évitement.

OPPORTUNITÉS D'ALIGNEMENT

L'écoute de l'intuition corporelle : Lorsque le Centre Splénique est honoré, il offre une guidance fine et immédiate sur ce qui est bon ou non pour soi, que ce soit au niveau physique, émotionnel ou relationnel.

La guérison par la conscience : Le centre Splénique, en tant que protecteur de la santé, nous invite à prendre soin de notre corps et à respecter les signaux qu'il envoie, même s'ils semblent subtils.

Développer la confiance en sa boussole interne : Se reconnecter à son instinct, sans chercher à tout comprendre ou à tout justifier, permet de renforcer la capacité à agir rapidement et efficacement dans l'instant.

CONSEILS POUR LES PRATICIENS

Identifier le degré de définition splénique : Lors d'une lecture, observez si le Centre Splénique est défini ou non. Cela vous indiquera comment la personne gère son instinct de survie et son rapport à l'intuition corporelle.

Amener à prendre conscience de la voix subtile du corps : Suggérez des pratiques qui favorisent le retour au ressenti physique immédiat (méditation sensorielle, exercices de respiration, ancrage corporel).

Distinguer la peur saine de la peur conditionnée : Aidez vos clients à différencier l'alerte instinctive (fonction saine du Splénique) des peurs chroniques ou irrationnelles issues du mental ou de l'environnement.

Accompagner les non définis à poser des limites : Pour les personnes au Centre Splénique non défini, l'apprentissage du détachement est crucial. Encouragez-les à identifier ce qui est réellement bon pour elles et à se libérer de relations ou d'environnements toxiques.

Valoriser la sagesse corporelle dans la prise de décision : Invitez les clients à intégrer leur intuition dans leurs choix, en s'appuyant sur leur autorité intérieure, même lorsque cette intuition semble inexplicable au mental.

LES 7 PORTES DU CENTRE SPLÉNIQUE

La conscience de la survie à travers les peurs

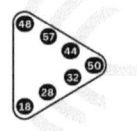

Centre **Splénique**

Le Centre Splénique exprime son intelligence corporelle à travers sept portes, chacune portant un type spécifique de peur liée à la survie, à la santé ou à la sécurité. Lorsqu'elles sont comprises et accueillies, ces peurs se transforment en forces de vigilance et de discernement.

Porte 48 : La Quête de la Profondeur

Thème : Recherche de solutions et de compétences profondes
Peur fondamentale : La peur de l'incompétence, de ne pas être « assez prêt » ou de ne pas avoir les réponses nécessaires.
Alignement : Cultiver la confiance en sa capacité à apprendre et à approfondir les sujets au fil du temps, sans attendre d'être parfait avant d'agir.

Porte 57 : L'Écoute Intuitive

Thème : Perception des signaux subtils
Peur fondamentale : La peur de l'inconnu ou de ce qui pourrait arriver dans le futur.
Alignement : S'appuyer sur l'intuition immédiate pour agir dans le présent, sans tenter de prédire ou de contrôler l'avenir.

Porte 44 : La Vigilance du Passé

Thème : Reconnaissance des schémas récurrents
Peur fondamentale : La peur de répéter les erreurs du passé.
Alignement : Apprendre à utiliser l'expérience passée comme un guide pour prendre des décisions éclairées, tout en acceptant que le passé n'a pas à dicter l'avenir.

Porte 50 : La Gardienne des Valeurs

Thème : Responsabilité et protection du collectif
Peur fondamentale : La peur de ne pas être capable d'assumer ses responsabilités ou de décevoir son entourage.
Alignement : Trouver un équilibre entre protection des autres et soin de soi, en évitant la surcharge de responsabilités.

Porte 32 : La Continuité Transformatrice

Thème : Capacité d'adaptation et d'évolution
Peur fondamentale : La peur de l'échec, de l'insuffisance ou de la perte de

stabilité.
Alignement : Voir l'échec comme un processus de transformation et un tremplin vers la réussite.

Porte 28 : Le Jeu de la Vie
Thème : Recherche de sens et prise de risques
Peur fondamentale : La peur de la mort ou de vivre une vie sans but.
Alignement : Oser explorer, prendre des risques mesurés et chercher la profondeur existentielle dans ses actions.

Porte 18 : L'Appel à la Correction
Thème : Amélioration et ajustement
Peur fondamentale : La peur de l'imperfection ou d'être jugé comme insuffisant.
Alignement : Accepter l'imperfection comme une opportunité de croissance, en se concentrant sur les améliorations constructives plutôt que sur la critique.

Ces sept peurs ne sont pas à considérer comme des freins, mais comme des indicateurs précieux. Elles révèlent les mécanismes de survie les plus anciens de l'humanité. Lorsque ces peurs sont reconnues et traversées, elles deviennent de véritables leviers pour développer une vigilance saine, un discernement aiguisé et une confiance profonde en l'intuition du corps.

Le Centre Splénique incarne la sagesse ancestrale du corps. Gardien de la survie et protecteur du bien-être, il est cette petite voix discrète qui nous guide vers la santé, la sécurité et l'équilibre. Dans un monde où le mental tend à dominer, apprendre à honorer l'intuition du Centre Splénique permet de restaurer la confiance dans l'intelligence instinctive et de naviguer avec plus de fluidité dans la vie quotidienne.

Chez les personnes au centre défini, l'intuition est un guide constant, capable de discerner immédiatement ce qui est bon ou non pour soi. Chez celles au centre non défini, la sensibilité à l'environnement est amplifiée, offrant un potentiel d'empathie et de sagesse profonde, mais aussi des risques de conditionnement et de dépendance aux forces extérieures.

Que l'on soit défini ou non, le véritable défi est le même : apprendre à écouter les signaux subtils du corps, à faire confiance à son instinct et à lâcher prise face au contrôle excessif du mental.

"Mon intuition est un allié silencieux. En me reconnectant à ma sagesse instinctive, je retrouve la voie de l'harmonie et de la sécurité intérieure."

Le Centre du Plexus Solaire

MOTEUR ÉMOTIONNEL ET CENTRE DE CONSCIENCE

Fonction du centre : Générer et traiter les émotions, créer la clarté émotionnelle

Type de centre : Centre moteur et centre de conscience

Association biologique : Reins, pancréas, prostate, poumons

Stratégie du non-Soi du centre ouvert : Est-ce que j'évite toujours la confrontation et la vérité ?

Le Centre du Plexus Solaire occupe une place clé dans le schéma du Human Design. Véritable générateur d'émotions, il est à la fois un moteur puissant et un centre de conscience en mutation, évoluant progressivement vers un éveil spirituel profond. Ce centre est l'axe de nos émotions, de nos besoins, de notre plaisir et de notre douleur.

Présent chez 50 % de la population sous forme définie, ce centre influe sur la qualité des expériences émotionnelles de chacun, qu'il soit défini ou non. Le Plexus Solaire est un moteur complexe qui agit par vagues émotionnelles, alternant entre espoir et souffrance, exaltation et mélancolie.

LE CENTRE DU PLEXUS SOLAIRE DÉFINI : LES VAGUES ÉMOTIONNELLES

Lorsqu'il est défini, le Plexus Solaire fonctionne selon des cycles émotionnels bien identifiables. Ces vagues émotionnelles sont puissantes et influencent profondément les décisions, les perceptions et l'humeur. Le piège pour ce centre est de réagir trop rapidement, sous l'impulsion d'un état émotionnel temporaire, sans attendre la clarté nécessaire.

Les individus avec un Plexus Solaire défini sont invités à prendre le temps : la vérité émotionnelle n'existe pas dans l'instant présent. Ce processus cyclique exige patience et observation pour atteindre une décision alignée.

LE CENTRE DU PLEXUS SOLAIRE NON DÉFINI : L'AMPLIFICATION ÉMOTIONNELLE

Chez les individus avec un Plexus Solaire non défini, le centre agit comme un amplificateur émotionnel. En présence de personnes au centre défini, ils ressentent les vagues émotionnelles de façon plus intense et souvent incohérente.

Le défi majeur est d'apprendre à ne pas s'identifier aux émotions ressenties et à éviter de fuir la confrontation pour préserver une paix intérieure artificielle. La sagesse réside ici dans la capacité à observer sans s'impliquer émotionnellement et à maintenir une posture détachée face aux turbulences extérieures.

Le Centre du Plexus Solaire est relié biologiquement aux reins, au pancréas, à la prostate et aux poumons. Ces organes, en lien avec la purification, la régulation hormonale et la respiration, reflètent l'importance de la gestion émotionnelle sur la santé globale.

En mutation constante, ce centre est destiné à évoluer vers un centre de conscience spirituelle dans les générations futures. Cette transformation vise à faire de l'émotion un vecteur de conscience collective et non seulement un moteur personnel de plaisir ou de souffrance.

UN CENTRE PROFONDÉMENT HUMAIN

Le Centre du Plexus Solaire est l'incarnation même de la sensibilité humaine. Il nourrit l'attachement, la passion, la créativité et l'envie de communion. Mais il est aussi le lieu des luttes intérieures, de la nervosité et des conflits non résolus.

En apprenant à naviguer les vagues émotionnelles, à respecter le temps nécessaire pour accéder à la clarté et à différencier ses propres émotions de celles des autres, ce centre peut devenir un véritable levier de conscience et de connexion profonde au monde.

"J'accueille mes émotions comme des vagues passagères, patient et confiant face au flux naturel de la vie."

DÉFIS ET OPPORTUNITÉS
LES PIÈGES DU PLEXUS SOLAIRE

L'impatience émotionnelle : Le Plexus Solaire défini pousse souvent à prendre des décisions sous l'emprise des vagues émotionnelles, sans attendre la clarté.

La recherche du plaisir immédiat : Le besoin de rester en haut de la vague peut mener à des comportements compulsifs ou à éviter les émotions désagréables.

L'évitement de la confrontation (non défini) : Le Plexus Solaire non défini est enclin à fuir les conflits pour ne pas amplifier l'intensité émotionnelle perçue.

L'identification excessive aux émotions : Amplifier et se perdre dans les ressentis émotionnels d'autrui peut générer de la confusion et du surmenage affectif.

OPPORTUNITÉS D'ÉVOLUTION

Accéder à la clarté émotionnelle : En apprenant à respecter le cycle complet de la vague émotionnelle, on développe une capacité précieuse à prendre des décisions justes et alignées.

Éveiller une conscience émotionnelle profonde : Le Plexus Solaire est un portail vers une sagesse émotionnelle et spirituelle, ouvrant la voie à une intelligence sensible et nuancée.

Cultiver la patience et l'acceptation : L'apprentissage fondamental du Plexus Solaire est de reconnaître que les émotions fluctuent naturellement et ne sont pas des vérités immédiates.

Observer sans absorber : Pour les centres non définis, la clé est de devenir observateur, sans se laisser happer par les émotions amplifiées du collectif.

"Je laisse le temps révéler la clarté derrière chaque émotion, et je me libère du besoin de réponses immédiates."

CONSEILS POUR LES PRATICIENS

Identifier la définition du Plexus Solaire : Lors d'une lecture, vérifiez si le centre est défini ou non afin d'orienter la personne sur sa relation aux émotions.

Interroger sur la gestion émotionnelle : Demandez comment la personne vit ses vagues émotionnelles (ou celles des autres) et comment elle prend ses décisions.

Encourager l'attente de la clarté : Apprenez à votre client à attendre le passage complet de la vague avant toute décision importante.

Aider à désamorcer l'évitement : Pour les centres non définis, guidez-les à accueillir les confrontations nécessaires et à distinguer leurs émotions de celles qu'ils amplifient.

Favoriser la régulation émotionnelle : Recommandez des pratiques de respiration consciente, de journaling…

LES PORTES DU PLEXUS SOLAIRE

Clés de la Vague Émotionnelle

<u>La vague tribale</u> : les liens et les besoins fondamentaux

Porte 37 - L'Amitié

Représente l'harmonie dans les relations familiales et communautaires. Elle incarne la loyauté et le soutien dans les

Plexus Solaire

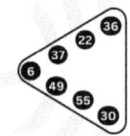

relations familiales ou communautaires. Cette porte favorise les liens émotionnels basés sur le respect mutuel.

Défi : Crainte de ne jamais obtenir un échange équitable ou de porter seul la charge des attentes sociales.

Opportunité : Créer des relations basées sur l'équilibre, la réciprocité et l'authenticité.

Porte 6 - La Friction

Gouverne l'ouverture et la fermeture dans les relations intimes. Elle symbolise la gestion des conflits et la recherche d'intimité. Cette porte est essentielle pour établir des frontières et ouvrir des canaux de connexion émotionnelle.

Défi : Peur d'être vulnérable et de montrer sa véritable nature.

Opportunité : Utiliser la friction comme levier de croissance dans la relation et oser créer l'intimité authentique.

Porte 49 - Les Principes

Fonde la notion de justice et d'éthique dans les groupes. Elle reflète une sensibilité aux besoins collectifs et une capacité à initier des changements émotionnels ou sociaux pour garantir justice et équité.

Défi : Peur du rejet et de devoir rompre un lien important.

Opportunité : Redéfinir ses principes avec souplesse pour créer des alliances plus justes.

La vague individuelle : l'expression de l'unicité et des humeurs

Porte 22 - Le Réceptif

Sensibilité aux ambiances, émotions raffinées. Elle est associée à l'élégance émotionnelle et à l'ouverture sociale. Cette porte favorise une présence charmante et une capacité à gérer les émotions avec fluidité.

Défi : Peur de s'ennuyer ou de ne pas recevoir l'attention désirée.

Opportunité : Cultiver l'ouverture tout en respectant ses besoins de retrait et de contemplation.

Porte 55 - L'État d'Âme

Gouverne la mélancolie et la richesse de l'inspiration. Elle est liée à la capacité de ressentir l'abondance émotionnelle et de libérer les attachements. Cette porte incarne une profonde liberté intérieure et une connexion avec l'abondance universelle.

Défi : Peur du vide intérieur ou du manque de sens.

Opportunité : Accepter les variations d'état d'âme et s'en servir comme moteur de créativité et de spiritualité.

La vague collective : l'exploration des expériences humaines
Porte 36 - La Crise
Expérimentation, prise de risque et gestion de l'inconfort. Elle représente le besoin de vivre des expériences intenses et de surmonter des défis émotionnels. Cette porte est une force motrice pour explorer l'inconnu et transformer les crises en opportunités.

Défi : Peur d'être pris au piège de l'inexpérience ou d'être submergé par les crises.

Opportunité : Apprendre à embrasser l'imprévu et à transformer les périodes de crise en opportunités d'évolution.

Porte 30 - Les Sentiments
Intense désir d'expérience et de vivre ses rêves. Elle symbolise l'intensité des désirs émotionnels et la recherche de la satisfaction. Cette porte pousse à explorer les expériences qui éveillent une passion profonde.

Défi : Anxiété face à l'incertitude et la peur de la déception.

Opportunité : Apprendre à s'ouvrir à l'inconnu tout en gardant une foi en son chemin de vie.

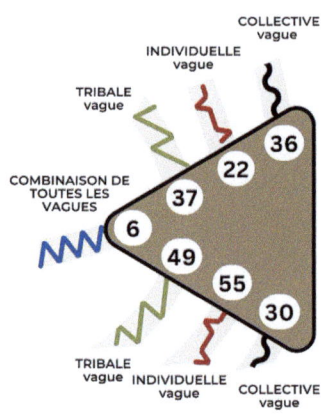

LE VOYAGE ÉMOTIONNEL DU PLEXUS SOLAIRE

Le Centre du Plexus Solaire nous enseigne l'art de la patience, du ressenti profond et de la conscience émotionnelle. Il est le reflet de nos luttes intérieures et de notre capacité à grandir à travers nos vagues émotionnelles.

Qu'il soit défini ou non, ce centre nous invite à vivre pleinement nos émotions, à les accueillir sans jugement et à attendre la clarté avant de nous engager pleinement.

C'est dans cette danse entre espoir et souffrance, entre hauts et bas, que réside le potentiel d'une intelligence émotionnelle mature et d'une connexion spirituelle élargie.

"J'honore le rythme naturel de mes émotions, sachant que chaque vague me rapproche de ma propre vérité."

En cultivant cette conscience, chacun peut transformer le Plexus Solaire en un puissant moteur de sagesse, d'éveil et d'amour profond envers soi et les autres.

La dynamique entre tous les centres

Dans le Human Design, chaque centre joue un rôle précis dans l'équilibre de notre énergie, de notre prise de décision et de notre expression dans le monde. Ces centres, interconnectés, forment une architecture dynamique qui conditionne la manière dont nous interagissons avec notre environnement et notre intériorité.

Les centres moteurs (Sacral, Plexus Solaire, Racine, Ego) génèrent l'énergie nécessaire à l'action, tandis que les centres de conscience (Ajna, Rate, Plexus Solaire en mutation) assurent une prise de recul et une perception nuancée du réel.

Les centres supérieurs (Couronne et Ajna) sont les points d'entrée de l'inspiration et de la conceptualisation, alors que le Centre de la Gorge manifeste ces idées par la parole ou l'action.

Le Centre G, à la croisière entre la conscience et la manifestation, guide la direction et l'amour de soi. L'ensemble de ces centres crée une répartition des flux d'énergie qui façonne nos rôles sociaux, nos décisions et notre rapport à nous-mêmes.

En prenant conscience des particularités de chaque centre, nous sommes invités à mieux comprendre nos dynamiques internes, nos conditionnements et les zones d'ouverture qui nous rendent perméables aux influences extérieures.

Cette compréhension globale est la clef pour naviguer de manière alignée avec notre Design, avant d'explorer plus en profondeur le rôle des canaux, ces autoroutes énergétiques reliant les centres entre eux.

"En honorant l'intelligence de chaque centre, je me reconnecte à mon authenticité et je libère mon potentiel unique."

TABLEAU RÉCAPITULATIF DES CENTRES

CENTRE	FONCTION PRINCIPALE	STRATÉGIE NON SOI	DÉFI MAJEUR	OPPORTUNITÉ CLÉ
Centre de la Couronne	Inspiration et pression mentale	Répondre à des questions sans importance	Surcharge cognitive	Canaliser l'inspiration de manière créative
Centre Ajna	Conceptualisation et structuration de la pensée	Se croire toujours certain	Rigidité mentale	Souplesse intellectuelle
Centre de la Gorge	Expression et Manifestation	Vouloir être remarqué à tout prix	Sur expression bavardage	Communiquer de manière authentique
Centre G (Identité)	Direction, amour et identité	Se sentir perdu	Manque de direction	Suivre sa véritable boussole intérieure
Centre Coeur Ego	Volonté et estime de soi	Vouloir prouver sa valeur	Surmenage et dévalorisation	Cultiver l'estime juste
Centre du Plexus solaire	Emotions, plaisir et douleur	Eviter la confrontation et la vérité	Impatience émotionnelle	Atteindre la clarté émotionnelle
Centre de la Rate (Splénique)	Instinct de survie et bien-être	Accrocher à ce qui n'est plus sain	Peurs irrationnelles	Faire confiance à l'instant présent
Centre sacral	Génération de l'énergie vitale et travail	Ne pas savoir dire non	Surmenage, frustration	Répondre à ce qui est correct
Centre Racine	Pression pour agir et stress	Pression inutile à agir rapidement	Stress chronique	Trouver la bonne cadence d'action

CHAPITRE 4

LES DÉFINITIONS
SIMPLE, FRACTIONNÉE ET PLUS ENCORE

LA DÉFINITION - LA FORCE VITALE AU CŒUR DU DESIGN HUMAIN

Dans le système du Human Design, la définition est la seconde grande "vue" après celle des centres. Elle constitue la base structurelle de notre force vitale, la matrice fixe et fiable qui anime notre schéma corporel. Sans définition, pas de type, pas d'autorité intérieure, pas de direction claire dans la vie. C'est le point d'ancrage de notre unicité.

Les définitions se manifestent à travers les canaux activés, ces connexions entre deux centres par lesquels circule l'énergie. Elles déterminent la façon dont l'énergie de la personne est naturellement disponible et stable, à l'inverse des centres ouverts qui reçoivent et amplifient l'énergie extérieure. La définition, c'est ce qui est "vivant" et constant en nous, le cœur de notre différenciation.

Ra Uru Hu insistait sur ce point :
"Sans la définition, le Design Humain n'aurait aucune application pratique."
C'est par le biais des canaux définis que la véritable nature d'un individu se révèle.

LA MAGIE DE LA JUXTAPOSITION

Chaque canal est le résultat de la jonction de deux portes activées qui, ensemble, créent une force vitale animée, bien plus grande que la simple somme de ses parties. C'est l'essence du quantum dans le Design Humain : la rencontre de deux éléments crée une énergie vivante qui propulse la conscience et la différenciation.

LA DÉFINITION COMME BASE DE LA DIFFÉRENCIATION

La définition est ce qui permet à l'individu d'échapper à l'homogénéisation collective. Là où les centres ouverts nous rendent sensibles au conditionnement du monde extérieur, la définition nous ancre dans notre nature fixe, immuable et unique.

Qu'elle soit simple, double, triple ou quadruple, la définition raconte l'histoire de la manière dont notre force vitale s'exprime dans notre vie et nos relations. C'est le fil conducteur de notre design et la structure énergétique fondamentale sur laquelle repose notre identité.

Dans cette partie, nous allons explorer :
- Les quatre grands principes fondamentaux de la définition
- Les types de définitions et leurs implications (simple, double split, etc.)

La manière dont la définition influence notre interaction avec le monde et notre potentiel de prise de conscience.

"Vivre sa définition, c'est incarner pleinement la vie qui nous a été confiée."

Les **Quatre Principes** Fondamentaux de la Définition

La définition est au cœur du Human Design, car elle constitue l'ancrage de la force vitale. Chaque canal défini dans le BodyGraph est une jonction énergétique vivante et stable. C'est ce qui rend notre être "fiable" et différencié.

La force vitale naît de la juxtaposition

Un canal est l'union de deux portes activées formant une connexion directe entre deux centres. Cette rencontre n'est pas simplement l'addition de deux potentiels (deux portes), mais la création d'une force vitale autonome, une énergie vivante.

Dans le BodyGraph, nous avons 36 canaux qui constituent autant de façons d'exprimer la vie. Ce principe illustre l'idée que le "tout est plus grand que la somme de ses parties" : deux portes, seules, sont comme deux fragments inanimés. Mais lorsqu'elles s'unissent pour former un canal, elles créent une dynamique énergétique porteuse de vitalité.

Cette juxtaposition est au cœur de la différenciation humaine : c'est la base des circuits énergétiques uniques de chaque individu.

⚠️ <u>À retenir</u> : Pas de canal, pas de force vitale.

Une porte seule est inanimée

Tant qu'une porte est isolée, elle reste inactive et n'a pas de force vitale propre. Elle est un point potentiel de différenciation, mais elle ne s'anime qu'au moment où sa porte complémentaire est activée dans le schéma corporel ou dans l'aura d'un autre.

Ainsi, une porte activée seule est un repère thématique important mais sans énergie autonome. Elle ne deviendra "vivante" que lorsqu'elle trouvera sa porte harmonique pour former un canal.

C'est pourquoi dans l'étude du Design Humain, on ne s'arrête jamais à l'activation d'une porte, mais on s'intéresse à la définition complète, à savoir le canal qui relie deux centres.

Cette loi de juxtaposition est comparable à deux pôles magnétiques qui s'attirent pour créer un courant d'énergie unique.

La définition est toujours fixe et fiable

La définition est la partie immuable de notre design. Tandis que nos centres ouverts sont des récepteurs d'influences extérieures variables, notre définition est stable et constante tout au long de notre vie.

C'est dans cette partie fixe de notre schéma que résident notre type énergétique, notre autorité intérieure et notre mécanique de fonctionnement stable.

La définition est le socle de notre véritable nature :
- C'est la source de notre type (Générateur, Projecteur, Manifesteur, Réflecteur).
- C'est ce qui nous permet d'être consistant dans notre manière d'interagir avec l'environnement.
- C'est le fondement de notre prise de décision alignée.

En Design Humain, le Soi véritable est logé dans la définition. Ce qui n'est pas défini en nous est sujet à conditionnement et à apprentissage extérieur.

La définition permet la différenciation

La définition est ce qui nous différencie radicalement du reste du monde. Dans une société dominée par l'homogénéisation (où tout le monde tend à se conformer aux mêmes modèles), la définition nous rappelle notre unicité.

C'est grâce à la définition que nous pouvons :
- Exprimer nos dons et talents naturels
- Reconnaître nos limites énergétiques
- Comprendre nos schémas constants dans les relations et dans le travail

En d'autres termes, la définition est ce qui permet à chaque être de manifester sa signature énergétique singulière dans le monde.
C'est également ce qui justifie l'importance de vivre selon notre type et notre autorité intérieure : c'est ainsi que l'on honore notre design différencié, plutôt que de chercher à être ce que l'on n'est pas.

Quand on regarde un BodyGraph, on voit à la fois des centres ouverts et des canaux définis. La combinaison de ces deux aspects constitue notre design total :
- La définition est ce qui est fixe et constant.
- Ce qui est non défini est notre zone de conditionnement et de potentiel d'apprentissage.
- La définition est le socle fondamental qui structure l'être. C'est la matrice de notre cohérence intérieure.

Les **types de Définition** dans le Design Humain

La manière dont les centres sont reliés entre eux par des canaux définis forme ce que l'on appelle une définition. Celle-ci influence profondément la dynamique énergétique d'une personne, notamment sa relation au monde et aux autres.

La **Définition Simple** (Single Definition)

C'est la forme la plus directe : tous les centres définis de l'individu sont connectés entre eux par une unique structure cohérente de canaux.

Caractéristiques :
- Personne naturellement autonome.
- Flux énergétique fluide et sans interruption entre tous les centres définis.
- Moins de dépendance extérieure pour "compléter" ses processus internes.
- Capacité à traiter les expériences de manière relativement rapide et intégrée.

Défi : Tendance à parfois se suffire à soi-même et à ne pas toujours prendre en compte l'impact extérieur.

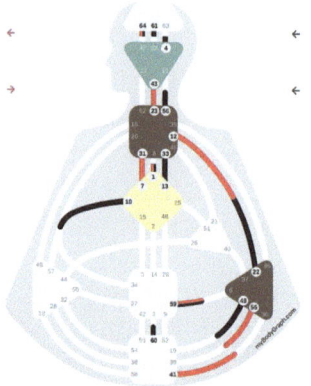

DÉFINITION SIMPLE

TOUS LES CENTRES DÉFINIS SONT RELIÉS ENTRE EUX

La **Définition Double** (Split Definition)

Les centres définis sont divisés en deux zones distinctes, non connectées directement entre elles. Le pont énergétique entre ces deux parties peut être créé par la présence d'une autre personne ou par des transits planétaires.

Caractéristiques :
- Besoin des autres ou de l'environnement pour "compléter" la connexion entre ces deux parties internes.
- Relations significatives souvent nécessaires pour trouver un certain équilibre.
- Fonctionnement souvent en "deux étapes" : d'un côté certains processus, de l'autre une dynamique complémentaire.

Défi : Tendance à ressentir un sentiment d'incomplétude ou de recherche d'un "lien manquant".

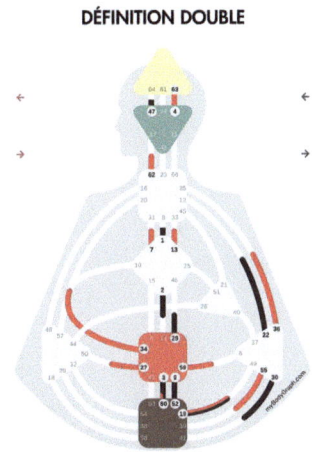

DÉFINITION DOUBLE

Tête / Ajna de connectés d'un côté | Sacral / Racine de l'autre

La **Définition Triple** (Triple Split Definition)

Trois zones définies mais séparées énergétiquement les unes des autres.

Caractéristiques :
- Tendance à fonctionner en compartiments énergétiques.
- La personne bénéficie de la diversité des contextes et a besoin de fréquenter des environnements variés pour permettre la circulation de l'énergie entre les zones.
- Adaptabilité aux milieux multiples.

Défi : Risque d'une dispersion intérieure ou d'une difficulté à intégrer les expériences de façon homogène sans stimulus extérieur.

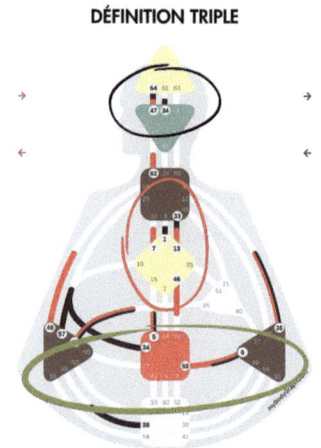

DÉFINITION TRIPLE

Tête / Ajna de connectés | Gorge / Centre G. | Sacral / Splénique / Plexus

La **Définition Quadruple** (Quadruple Split Definition)

Les centres définis sont scindés en quatre zones distinctes, toutes non reliées entre elles.

Caractéristiques :
- Processus internes très compartimentés.
- Besoin d'un environnement social riche et diversifié pour relier les différentes "pièces" du puzzle intérieur.
- Fonctionnement souvent lent et nécessitant de multiples interactions avant d'atteindre l'intégration complète d'une expérience.

Défi : Sensation de lourdeur ou de "lenteur" dans la prise de conscience globale.
Difficulté à "tout relier" sans un entourage suffisamment varié.

DÉFINITION QUADRUPLE

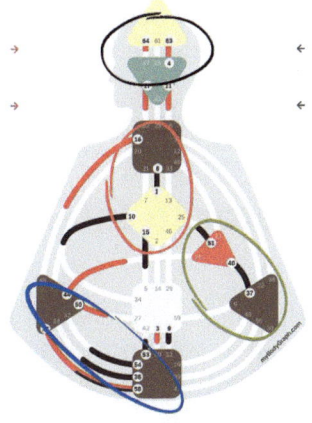

Tête / Ajna de connectés | Gorge / Centre G. | Coeur / Plexus
Splénique /Racine

Absence de Définition (Réflecteurs)

C'est le cas des Réflecteurs, qui n'ont aucun centre défini de manière stable. Tous leurs centres sont ouverts.

Caractéristiques :
- Ultra-sensibilité à l'environnement et aux conditionnements collectifs.
- Processus d'identification très fluides, influencés par la lune et les cycles lunaires.
- Rôle d'observateur et de miroir pour la société.

Défi : Difficulté à trouver des repères stables dans un monde homogénéisé et conditionné.

Chaque type de définition colore la manière dont l'énergie vitale circule dans le schéma corporel et influe sur :
- La relation à soi-même.
- La dépendance ou non à l'interaction extérieure.

- Le style de traitement des expériences de vie.

Comprendre sa définition permet de mieux naviguer entre autonomie, besoin de lien et équilibre personnel.

Définition, Aura et Autorité Intérieure : La Trinité fondamentale

En Human Design, la compréhension de votre définition ne peut être complète sans la mettre en relation avec deux autres aspects essentiels : l'aura et l'autorité intérieure.

Ces trois éléments – la définition, l'aura et l'autorité – forment la trinité de base qui détermine comment une personne se meut, interagit et prend ses décisions dans la vie.

La Définition : l'architecture énergétique stable

Comme vu précédemment, la définition est la structure fixe et fiable de votre schéma corporel. Elle vous confère votre nature énergétique fondamentale.

Elle vous permet de savoir :
- Où votre force vitale est présente de manière constante.
- Comment votre énergie est naturellement dirigée dans le monde.

La définition est ce qui vous différencie, c'est l'empreinte énergétique stable avec laquelle vous interagissez avec votre environnement.

L'Aura : le champ d'influence extérieure

L'aura est l'émanation subtile et magnétique qui vous entoure et agit comme une antenne. Elle détermine la manière dont vous êtes perçu et la manière dont vous captez les énergies extérieures.

Chaque type énergétique (Générateur, Projecteur, Manifesteur, Réflecteur) possède une aura spécifique :
Le **Générateur** : une aura enveloppante et ouverte.
Le **Manifesteur** : une aura dense et "repoussante".
Le **Projecteur** : une aura pénétrante et ciblée.
Le **Réflecteur** : une aura réceptive et "globale".

L'aura agit comme un filtre énergétique qui module la façon dont votre définition entre en interaction avec les autres et avec l'environnement.

En d'autres termes, la définition est l'ossature interne, tandis que l'aura est la peau énergétique qui agit à l'extérieur.

L'Autorité intérieure : la boussole décisionnelle

L'autorité intérieure est le mécanisme interne de prise de décision. Elle est directement issue de votre configuration énergétique et de votre définition.

C'est l'autorité intérieure qui vous guide dans vos choix et décisions majeurs, vous indiquant comment rester aligné à votre design et éviter de vous perdre dans le conditionnement.

Voici quelques exemples d'autorités selon les définitions :
Émotionnelle (Plexus Solaire défini) : attendre la clarté émotionnelle.
Sacrale (Sacral défini) : répondre via les sons/gut feeling.
Splénique (Rate définie) : décisions instantanées basées sur l'intuition.
Égoïque, Projetée ou Lunaire : selon les cas spécifiques.

Votre autorité intérieure est la clé pratique qui vous permet de respecter votre définition sans vous laisser dominer par votre mental ou par les conditionnements externes.

INTERACTION ET SYNERGIE

La définition vous révèle où votre énergie est stable.

L'aura vous met en interaction avec le monde extérieur.

L'autorité vous guide dans la prise de décisions justes pour vous.

Ces trois composantes agissent ensemble :
- Votre définition conditionne la mécanique énergétique qui sous-tend votre expérience de vie.
- Votre aura est le champ à travers lequel cette mécanique est perçue et impactée par l'extérieur.
- Votre autorité intérieure vous permet d'utiliser votre définition et votre aura sans tomber dans les pièges du non-Soi.

En Human Design, maîtriser l'usage de cette trinité vous permet de vivre votre unicité avec clarté et de réduire la résistance dans votre quotidien.

📖 *Pour approfondir les notions de types énergétiques, d'autorité intérieure et de stratégies spécifiques selon votre design, je vous invite à vous référer au Tome 1 « Les clés de votre nature profonde », véritable fondation pour bien comprendre l'ensemble du système.*

Définition et Relations : L'Alchimie énergétique entre les êtres

La définition ne façonne pas uniquement votre manière d'utiliser votre propre énergie, elle influence aussi la façon dont vous entrez en résonance ou en friction avec les autres.

La dynamique du "Pont énergétique"

Lorsqu'une personne a une Split Definition (simple ou multiple), elle cherchera naturellement, souvent inconsciemment, à compléter son schéma en présence d'autres personnes.

Exemple :
Un **Double** Split cherchera des relations qui complètent son pont manquant, créant un sentiment de plénitude et de fluidité dans son énergie.
Un **Triple** ou Quadruple Split aura souvent besoin d'interactions multiples pour activer pleinement ses zones séparées.

Cela crée des dynamiques relationnelles particulières où certaines connexions humaines jouent un rôle de "clé" pour faciliter l'intégration énergétique.

EXEMPLE CONCRET DE "PONT" ÉNERGÉTIQUE

Prenons le cas d'une personne Générateur émotionnel avec une Définition double. Son BodyGraph révèle deux zones distinctes :
Zone 1 : Gorge et Centre G connectés ensemble.
Zone 2 : Sacral, Racine et Plexus Solaire liés entre eux.

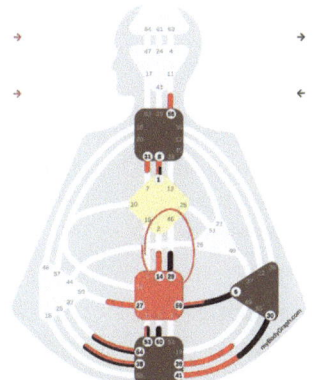

Gorge / Centre G d'un côté | **Sacral / Racine / Plexus de l'autre**.
La personne a les portes 14 et 29 d'actives dans son sacral/ Elle va rechercher inconsciemment des personnes avec la porte 2 ou porte 46 afin de se sentir entière

Ces deux zones de définition sont séparées : aucune connexion directe n'unit la Gorge/Centre G à l'ensemble Sacral/Racine/Plexus.

Cette séparation crée ce que l'on appelle un pont manquant.

Dans ce cas précis, le pont énergétique se trouve entre le Sacral et le Centre G, où les portes activées sont :

Porte 14 (Sacral) : "Le Pouvoir d'Autonomiser".

Porte 29 (Sacral) : "La Persévérance".

Cette personne va donc naturellement chercher à "fermer le pont" avec :

La Porte 2 (Centre G) : "La Direction de Soi" (complémentaire de la 14).

Ou la Porte 46 (Centre G) : "La Détermination dans le Corps" (complémentaire de la 29).

Que signifie cela concrètement ?

Sur le plan relationnel : Cette personne sera naturellement attirée par des individus activant la porte 2 ou la porte 46. Ces connexions créent inconsciemment chez elle une sensation d'unité énergétique, comme si ses deux zones internes étaient temporairement "réunifiées" par la présence de l'autre.

Sur le plan émotionnel : Elle peut ressentir un apaisement ou une fluidité soudaine dans certaines interactions, sans forcément comprendre pourquoi. En réalité, ces partenaires complètent son schéma énergétique interne via le pont.

Attention au conditionnement : Cette recherche inconsciente de "complétude" peut aussi conduire à des dépendances énergétiques si elle s'attache excessivement à ces partenaires pour compenser sa sensation de séparation intérieure.

Astuce pour la personne concernée : Prendre conscience de ce pont manquant lui permet de cultiver plus de détachement et d'autonomie, en acceptant que cette quête d'unification est une mécanique naturelle de son design.

Définition simple et autonomie relationnelle

Les personnes avec une Définition simple possèdent une plus grande capacité à fonctionner seules. Elles sont autonomes et ne recherchent pas autant l'activation extérieure pour sentir leur schéma complet.

Cependant, cela peut parfois se traduire par une forme d'indépendance émotionnelle forte, qui peut être perçue comme de la distance relationnelle par certains partenaires.

EXEMPLE PERSONNEL : DÉFINITION SIMPLE, AUTONOMIE ÉNERGÉTIQUE ET RAYONNEMENT

Je suis, pour ma part, Générateur Manifesteur (MG) Sacral, avec une définition simple. Mon BodyGraph relie de manière fluide et cohérente plusieurs centres en une seule zone énergétique stable :
Gorge, Centre G, Cœur/Ego, Sacral et Rate

Je dispose de 10 canaux activés, ce qui fait de moi un être au design dense et riche, incarnant une forte stabilité intérieure.

DÉFINITION SIMPLE / 10 CANAUX

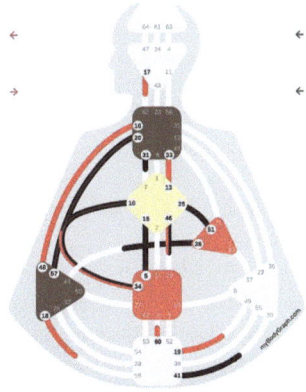

En tant que MG à définition simple, j'ai la capacité de fonctionner de manière autonome, sans ressentir le besoin de compléter mon schéma en présence des autres. Cela me confère une grande autonomie énergétique et une solidité intérieure qui me rendent naturellement auto-suffisante.

Perception extérieure

Pour l'entourage, cette stabilité énergétique peut parfois être perçue comme de la distance relationnelle ou une tendance à "ne pas avoir besoin des autres" pour se sentir entière. Cette indépendance est cependant une force naturelle et non un manque de sensibilité.

Un levier puissant pour accompagner les autres

Grâce à ma densité énergétique et à mes 10 canaux activés, j'agis comme un véritable point d'ancrage pour mon entourage.

Lorsque j'accompagne mes clients, ceux-ci peuvent se sentir naturellement complétés ou temporairement "stabilisés" en entrant dans mon aura. Chaque canal disponible offre une opportunité pour l'autre de "fermer un pont" ou d'expérimenter une meilleure cohérence énergétique.

J'offre donc à mes clients un terrain fertile pour la reconnexion intérieure, leur permettant de retrouver de la clarté ou de la consistance dans leurs propres schémas.

Une définition simple dense permet non seulement de vivre avec autonomie, mais aussi de devenir un véritable "facilitateur" pour autrui, en favorisant l'équilibre et la stabilité énergétique dans les relations professionnelles ou thérapeutiques.

Le rôle de l'environnement pour les splits

Plus le nombre de splits augmente, plus la personne a besoin d'un environnement diversifié pour circuler entre ses différentes zones énergétiques. Les Triple Split et Quadruple Split se sentiront mieux dans des contextes mouvants, riches en échanges variés.

À l'inverse, des environnements trop "fermés" ou stagnants peuvent créer un sentiment de blocage interne.

Dans toutes les relations humaines (professionnelles, familiales ou amoureuses), la définition agit comme un filtre énergétique :
- Certaines relations peuvent renforcer et stabiliser des circuits internes.
- D'autres peuvent amplifier des tensions ou des incompréhensions, en fonction des ponts manquants ou des centres ouverts.

L'enjeu est de prendre conscience des zones où l'on a tendance à chercher la complétude extérieure, afin d'interagir avec plus de discernement et de respect de sa propre énergie.

LA DÉFINITION, SOCLE DE VOTRE UNICITÉ ÉNERGÉTIQUE

La définition constitue le socle fondamental de notre identité énergétique dans le système du Design Humain. Elle est l'empreinte de ce qui est fixe, fiable et cohérent en nous. Cette force vitale inscrite dans les canaux activés est la base de notre stabilité intérieure et de notre manière d'interagir avec le monde.

Sans définition, aucune différenciation n'est possible ; c'est elle qui façonne la structure de notre nature profonde, tandis que nos centres ouverts nous exposent aux apprentissages et aux conditionnements extérieurs.

UNE CARTOGRAPHIE UNIQUE POUR CHAQUE INDIVIDU

Qu'elle soit simple ou multiple, la définition :

Donne le ton à nos relations : en créant des dynamiques d'attraction et de complémentarité avec autrui (ponts énergétiques, attirance inconsciente…).

Oriente notre rapport au monde : en déterminant notre autonomie ou nos besoins d'interactions variées selon le type de split.

Définit nos forces vitales innées : car chaque canal activé représente une qualité de vie spécifique que nous exprimons naturellement.

UNE CLÉ ESSENTIELLE POUR MIEUX SE CONNAÎTRE

Reconnaître et honorer sa propre définition permet de :
- Mieux comprendre ses besoins relationnels.
- Identifier ses points d'autonomie ou de vulnérabilité.

- Préserver son énergie en respectant sa structure intérieure.

La définition est un révélateur de notre potentiel de différenciation et un guide précieux pour apprendre à naviguer dans nos relations et dans nos choix de vie.

"Ma définition est l'empreinte vibrante de ce que je suis venu incarner. En l'honorant, j'accède à la stabilité intérieure et à la sagesse dans mes connexions au monde."

TABLEAU RÉCAPITULATIF : LES TYPES DE DÉFINITIONS

Type de définition	Caractéristiques principales	Conséquences Relationnelles	Défis spécifiques
Définition SIMPLE	Tous les centres définis sont connectés entre eux via un seul flux énergétique continu	Fonctionne de manière autonome, énergie fluide. Peut parfois être perçu comme « autosuffisant » ou « indépendant ».	Peut avoir du mal à accepter l'influence extérieure ou à reconnaitre l'utilité des ponts relationnels
Définition DOUBLE (Split)	Deux groupes de centres définis fonctionnement de manière indépendante, séparés par un ou plusieurs centres ouverts.	Recherche naturelle de « ponts » chez les autres pour compléter le schéma. Tendance à se sentir plus complet avec certaines personnes.	Sentiment de division intérieur ou de manque de cohérence, besoin inconscient d'être « relié » énergétiquement à d'autres
Définition TRIPLE (Triple Split)	Trois groupes distincts de centres définis sans connexion directe entre eux.	Aime la diversité des environnements et des relations, trouve plus de confort en changeant régulièrement de lieux ou de personnes.	Peut ressentir de la dispersion ou des frustrations liées à l'incohérence interne, difficulté à trouver des connexions stables dans l'environnement immédiat.

Définition QUADRUPLE (Quadruple Split)	Quatre groupes séparés de centres définis, sans aucun canal connectant tous les groupes.	Tendance à attirer inconsciemment des groupes ou des situations très spécifiques qui réunissent les « ponts » manquants. Besoin d'espaces variés pour se sentir complet	Risque de rigidité ou de repli, difficulté à se sentir pleinement « entier » sans un environnement riche en diversité relationnelle et situationnelle.
SANS DÉFINITION (Réflecteur)	Aucun centre défini, toutes les prises de conscience se font via les centres ouverts.	Profonde capacité d'observation et de reflet du conditionnement environnant. Précieux pour les autres par leur neutralité et leur capacité à « miroiter » l'énergie collective.	Vulnérabilité aux conditionnements et fluctuations extérieures, risque de perte d'identité si non-aligné avec sa stratégie.

CHAPITRE 3

LES CIRCUITS
RÉSEAUX D'INFLUENCE

Dans le système du Design Humain, les circuits représentent les grands réseaux d'énergie qui façonnent notre manière d'interagir avec le monde et les autres. Ils forment la cartographie des dynamiques collectives et individuelles qui animent notre corps graphique. En comprenant les circuits, nous comprenons comment la force vitale se déploie à travers nos canaux et comment elle colore notre mission, nos relations et notre évolution.

Chaque être humain est traversé par un ou plusieurs circuits qui influencent :
- Sa manière de se relier aux autres (à travers la tribu, la collectivité ou son propre chemin individuel).
- Ses motivations profondes : protection, innovation, partage de connaissances ou transmission d'expériences.
- Ses dynamiques relationnelles et professionnelles : la façon dont nous nourrissons nos échanges et nos projets dépend largement de la nature de ces circuits.

Cette structure énergétique puissante éclaire notre mode de fonctionnement naturel et nous offre un langage précieux pour mieux naviguer dans notre quotidien.

Dans cette partie, vous découvrirez les trois grands ensembles de circuits :
- Le **Circuit Individuel** : porteur de mutation et d'originalité.
- Le **Circuit Tribal** : garant de la survie et du soutien communautaire.
- Le **Circuit Collectif** : dévoué à la transmission du savoir et à l'évolution de l'humanité.

À travers l'étude de ces circuits et de leurs sous-structures, vous pourrez identifier vos propres dynamiques et mieux comprendre celles des autres.

Le Circuit Collectif

THÈME : PARTAGE D'EXPÉRIENCE ET PROGRESSION HUMAINE

Le circuit collectif est axé sur la transmission des connaissances, le progrès et le bien-être commun. Il est divisé en deux sous-circuits :

La Circuiterie Collective regroupe deux circuits majeurs du Human Design : le Circuit Logique (Compréhension) et le Circuit Abstrait (Ressenti). Ce groupe de circuits met l'accent sur le partage des expériences, des idées et des découvertes dans le but d'enrichir le collectif. Contrairement aux circuits individuels (axés sur l'unicité et la mutation) et tribaux (focalisés sur la préservation du groupe restreint), la Circuiterie Collective est tournée vers le bien commun, l'évolution du savoir et la transmission d'expériences.

Elle est structurée autour de deux modes de partage complémentaires :
Le Circuit Logique : Basé sur l'analyse et la prévision, il vise à créer des modèles et des structures durablespour améliorer le futur.
Le Circuit Abstrait : Centré sur l'expérience vécue et la mémoire, il transmet des leçons et récits issus du passé, afin d'enrichir la sagesse collective.

Caractéristiques des circuits collectifs

1. Orientation temporelle
Circuit Logique : Se projette dans le futur à travers l'analyse des schémas répétitifs et des tendances.
Circuit Abstrait : Se tourne vers le passé pour tirer des enseignements de l'expérience humaine.

2. Énergie de partage
Encourage la transmission des savoirs, des histoires et des découvertes.
Favorise l'innovation et l'évolution du collectif à travers des contributions individuelles structurées.

3. Impact des portes et des canaux
Les portes et canaux activés influencent le type de contribution apportée par l'individu :

Logique → Transmission de connaissances basées sur des preuves et des observations analytiques.

Abstrait → Partage d'histoires et d'expériences vécues qui donnent du sens à l'existence.

Les deux circuits du collectif

1. LE CIRCUIT LOGIQUE (COMPRÉHENSION)

La fiabilité et la prévisibilité Ce circuit repose sur une pensée analytique, visant à structurer des systèmes permettant de comprendre le monde et de prédire l'avenir.

Fonctionnalités :

- **Anticipation et amélioration** : Recherche des modèles récurrents pour optimiser le fonctionnement du collectif.
  Validation et vérification : Chaque découverte doit être prouvée et reproductible pour être partagée.
  Stabilité et ordre : Assure une vision rationnelle et structurée de la réalité.

7/31 - Le canal du leadership logique (Projecteur) | Influence la prise de décision collective. - La vision et le leadership collectif. Ce canal reflète une aptitude naturelle à guider les autres vers un avenir collectif, combinant inspiration et responsabilité dans la prise de décisions pour le bien commun.

9/52 - Le canal de la concentration (Générateur) | Favorise la détermination et la patience. - Le focus sur la progression. Ce canal représente la capacité à rester concentré sur les étapes nécessaires pour avancer avec précision et méthodologie.

17/62 - Le canal de l'organisation (Projecteur) | Structuration et méthodologie. - La structure et la clarté. Il représente la capacité à organiser et transmettre des informations de manière claire et structurée, en s'appuyant sur des faits, des concepts visuels et des détails précis.

18/58 - Le canal du jugement (Projecteur) | Correction et perfectionnement des systèmes. - L'enthousiasme pour la perfection. Ce canal combine une vision claire et une énergie positive pour améliorer continuellement ce qui peut être corrigé, tout en acceptant l'imperfection comme un moteur de progrès.

5/15 Le canal des Rythmes - L'harmonie avec les cycles. Il incarne la connexion avec le rythme naturel de la vie, soutenu par des rituels qui maintiennent un équilibre et une continuité dans les actions.

63/4 - Canal de la Logique - L'esprit critique et l'analyse. Ce canal stimule le questionnement des schémas et des structures existantes, favorisant une logique rigoureuse pour résoudre des problèmes ou élaborer des solutions.

16/48 - Canal de la Longueur d'Onde - La maîtrise par la répétition. Il illustre l'importance de la pratique et de la persévérance pour développer un talent jusqu'à l'excellence, en intégrant pleinement les compétences acquises.

Chaque canal de ce circuit apporte une force spécifique au partage et à la progression collective, en soutenant l'expression d'un potentiel unique pour inspirer et transformer le monde.

Circuit Collectif de la Logique

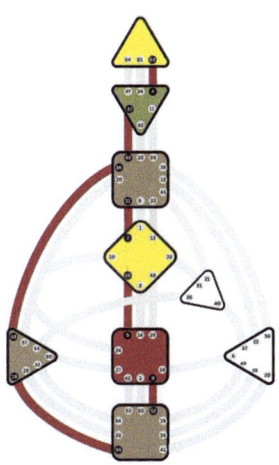

2. LE CIRCUIT ABSTRAIT (RESSENTI)

L'apprentissage par l'expérience Ce circuit s'appuie sur les souvenirs, les émotions et les histoires pour transmettre du sens et favoriser la compréhension collective.

Fonctionnalités :

- **Donner du sens au passé** : Transforme les expériences vécues en enseignements précieux.
- **Partage émotionnel** : Transmet des histoires captivantes pour toucher le collectif.
- **Exploration intuitive** : Recherche la signification profonde des événements pour enrichir l'humanité.

11/56 - Le canal des histoires et expériences (Projecteur) | Raconter pour inspirer. - Le partage par les histoires et les idées. Il favorise la stimulation émotionnelle et intellectuelle à travers la narration, le brainstorming et l'enseignement basé sur le ressenti et les expériences vécues.

47/64 - Le canal de la réflexion (Projecteur) | Trouver du sens dans le chaos. La clarté émergente à partir de la confusion. Ce canal illustre le processus de clarification des expériences passées, en triant les émotions et les souvenirs pour en extraire des leçons précieuses.

36/35 - Le canal de la crise et du progrès (Manifesteur-Générateur) | Expérimenter pour évoluer. - La transformation des crises en opportunités. Ce canal symbolise la capacité à naviguer dans les moments de chaos ou de transition, et à les transformer en espoir ou en nouvelles expériences enrichissantes.

41/30 - Le canal du désir et de l'expérience (Générateur) | Vivre intensément pour apprendre. - L'exploration des désirs et des rêves. Il reflète une connexion aux sentiments profonds, aux désirs et aux fantasmes, permettant d'explorer l'espace entre rêve et réalité avec authenticité.

42-53 - Canal de la Maturation -La croissance à travers les cycles. Ce canal représente l'évolution continue, avec une capacité à tirer des leçons de chaque cycle d'expérience pour progresser et se développer.

29-46 - Canal de la Découverte - L'engagement total dans l'expérience. Il incarne la persévérance, la capacité à réussir là où d'autres échouent, et l'importance de vivre pleinement les expériences tout en honorant son corps et ses ressources.

13-33 - Canal du Prodigue - La réflexion et la fermeture des chapitres. Ce canal est associé à l'écoute attentive des récits passés, permettant un recul nécessaire pour comprendre, faire le bilan et clore des cycles de vie ou d'apprentissage.

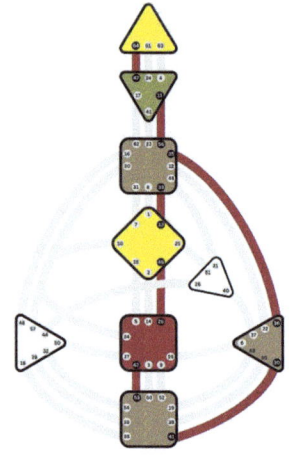

Circuit Collectif du Ressenti

Ces canaux traduisent une énergie tournée vers l'exploration émotionnelle et l'évolution à travers les cycles de vie, en intégrant les expériences passées pour nourrir une vision plus éclairée et alignée.

Stratégies pour les circuits collectifs

- **Valoriser la contribution collective** : Intégrer les idées et expériences de chacun pour enrichir l'ensemble.
- **Favoriser l'innovation partagée** : Encourager un mélange d'analyse et d'expérimentation pour des solutions équilibrées.
- **Cultiver l'apprentissage continu** : Appliquer une évolution dynamique basée sur l'expérience et la logique.

LES 12 RÔLES COLLECTIFS : CONTRIBUTION ET INFLUENCE

Porte 7 : Leadership et direction

Ligne 1 - L'Autoritaire : Influence rationnelle basée sur des connaissances solides.

Ligne 2 - Le Démocrate : Influence subtile, favorisant un rôle de guide bienveillant.

Ligne 3 - L'Anarchiste : Remet en question l'ordre établi et explore d'autres alternatives.

Ligne 4 - Le Résigné : Construire des réseaux tout en étant prudent sur l'engagement.

Ligne 5 - Le Général : Influence pragmatique, se manifestant lors des crises.

Ligne 6 - L'Administrateur : Supervise avec une vision à long terme.

Porte 13 : Réceptivité et transmission

Ligne 1 - L'Empathique : Réceptif aux histoires des autres, mais avec une autorité naturelle.

Ligne 2 - Le Bigot : Filtrage sélectif des influences extérieures.

Ligne 3 - Le Pessimiste : Approche critique et prudente de l'expérience collective.

Ligne 4 - Le Fatigué : Épuise son énergie à force d'écoute et d'interactions sociales.

Ligne 5 - Le Sauveur : Cherche à guider les autres à travers son savoir et son expérience.

Ligne 6 - L'Administrateur : Synthèse et vision globale du collectif.

La Circuiterie Collective est le moteur de l'évolution du groupe humain. Elle agit comme une bibliothèque vivante qui grandit avec chaque nouvelle expérience et découverte.
> Le Circuit Logique construit le futur par l'analyse et la structure, tandis que
> Le Circuit Abstrait donne du sens au passé et partage des récits inspirants.

Que ce soit en entreprise, dans l'enseignement ou dans la transmission de savoirs, ces circuits façonnent l'évolution collective en alliant précision, intuition et connexion humaine.

Le Circuit Individuel

THÈME PRINCIPAL : MUTATION ET INDIVIDUALITÉ

Le Circuit Individuel est le cœur de l'évolution dans le Design Humain. Il porte en lui l'impulsion du changement, la transformation et l'innovation. Il ne se préoccupe pas de l'influence collective ni de l'appartenance tribale : il est entièrement tourné vers l'expression de l'unicité. Ceux qui ont un Circuit Individuel dominant dans leur BodyGraph sont souvent perçus comme différents, uniques, voire excentriques, car ils ne suivent pas les conventions établies. Cependant, leur rôle est essentiel : ils sont les agents de mutation qui insufflent le renouveau dans la conscience collective.

Caractéristiques des circuits individuels

1. La mutation : Essence de l'innovation

Le moteur fondamental du Circuit Individuel est la mutation. Ces individus incarnent le changement en permanence, qu'il soit personnel, sociétal ou évolutif. Ils n'adhèrent pas aux schémas traditionnels et cherchent à réinventer les choses à leur manière.

2. L'expression de la différence

Ceux qui possèdent un fort circuit individuel sont naturellement différents. Ils n'ont pas besoin d'être compris ni acceptés ; leur énergie les pousse à suivre leur propre voie, quitte à s'isoler ou à être incompris. Leur présence seule peut déclencher du changement autour d'eux.

3. Influence sur l'indépendance et l'authenticité

Ces individus ne recherchent pas la validation des autres. Leur existence même est une invitation pour les autres à embrasser leur propre indépendance et à oser être eux-mêmes.

4. Un rôle d'Agent de mutation

Ils remettent en question le statu quo, apportant de nouvelles idées, des perceptions inédites, des concepts révolutionnaires. Même si leurs idées semblent étranges ou disruptives au début, elles finissent souvent par transformer la conscience collective.

5. La mélancolie créative

Un élément clé des circuits individuels est la mélancolie, une émotion cyclique qui pousse à l'introspection et à la créativité. Elle n'est pas négative, mais un puissant moteur d'inspiration, surtout pour l'art, l'innovation et l'exploration personnelle.

6. La connexion à un savoir inné

Le Circuit Individuel ne fonctionne pas selon la logique ni l'expérience accumulée comme les circuits Collectifs. Il se base sur l'intuition, l'inspiration et la réceptivité à des connaissances profondes, souvent perçues comme "descendues" sans explication rationnelle.

7. L'ouïe : Un sens privilégié

Le sens de l'écoute et de la réceptivité aux sons subtils est souvent accentué chez les individus ayant un fort circuit individuel. Cela se traduit par une grande sensibilité aux vibrations et aux fréquences sonores, qui peut jouer un rôle dans leur processus créatif et intuitif.

Les trois composants du circuit individuel

- **Le Circuit du Savoir** : Focalisé sur l'innovation mentale, la transformation de la pensée et la structuration des idées. Il donne accès à une compréhension intuitive du monde qui échappe aux processus rationnels classiques.
- **Le Circuit du Centrage** : Il renforce la connexion intérieure et l'identité propre en apportant force, autonomie et résilience. Il est lié à la capacité d'agir de manière centrée et alignée avec soi-même.
- **Les Canaux d'Intégration** : Ils permettent à l'individu d'incarner pleinement son unicité dans le monde, favorisant l'autosuffisance, la présence et l'adaptabilité.

Impact et stratégies

1. Embrasser son individualité
Accepter d'être différent et ne pas chercher à se conformer aux attentes extérieures.

Voir son unicité comme un atout et non comme un fardeau.

2. Canaliser la mélancolie en créativité
Transformer les périodes de mélancolie en temps d'introspection créative.

Se permettre de créer sans attente de reconnaissance immédiate.

3. Cultiver une expression authentique
Que ce soit dans le business, les relations ou la communication, rester sincère et fidèle à soi-même.

Ne pas chercher à convaincre, mais incarner sa vérité pour inspirer les autres.

4. Trouver un équilibre entre individualité et partage
Même si le circuit individuel n'a pas besoin de validation, trouver des espaces où il peut exprimer son savoir sans frustration est important.

S'entourer de personnes ouvertes aux idées nouvelles.

Les canaux clés du circuit individuel

1. CIRCUIT DU SAVOIR : "JE SAIS"

8/1 - Le Canal de l'Inspiration (Projecteur) | Le design du modèle créatif - La Contribution par l'Unicité. Il illustre la capacité de chaque individu à apporter une contribution unique et authentique au monde, en exprimant son potentiel créatif et distinct.

2/14 - Le Canal du Rythme (Générateur) | Le design d'être le gardien des clés - La Direction Inspirée. Ce canal représente une guidance intuitive et une connexion profonde à l'âme. Il oriente les ressources et l'énergie vers des objectifs alignés avec un chemin spirituel ou personnel.

3/60 - Le Canal de la Mutation (Générateur) | Le design de l'énergie fluctuante et initiatrice - La Mutation et le Renouveau. Ce canal symbolise la capacité à transformer les débuts chaotiques en opportunités créatives. Il incarne l'énergie de mourir à l'ancien pour renaître à quelque chose de nouveau, mettant en place un ordre innovant.

20/57 - Le Canal de l'Idée de Génie (Projecteur) | Le design de la conscience profonde - L'Intuition Immédiate. Ce canal incarne une connexion intuitive puissante dans l'instant présent, permettant une prise de décision rapide et alignée.

28/38 - Le Canal de la Difficulté (Projecteur) | Le design de l'obstination - Le Sens des Défis. Ce canal met en lumière la recherche de sens à travers la difficulté, où les épreuves de la vie deviennent des opportunités pour découvrir sa raison d'être et sa force intérieure.

43/23 - Le Canal de la Structuration (Projecteur) | Le design de l'individualité (du génie au fou) - La Percée Innovante. Ce canal traduit des idées originales et uniques en concepts clairs, permettant de partager des perspectives novatrices avec le monde de manière compréhensible.

24/61 – Le Canal de la Conscience (Projecteur) | Le design de l'intuition mentale, du savoir intérieur - La Vérité Intérieure. Il reflète une quête de compréhension et de vérité intérieure, où l'inspiration mystique rencontre la rationalité pour offrir des révélations profondes.

12/22 – Le Canal de l'Ouverture (Projecteur) | Le design du charme et de l'expression émotionnelle individuelle - La Prudence et l'Expression Sociale. Il représente une capacité à s'exprimer avec tact et sensibilité, en naviguant avec soin dans les dynamiques sociales et émotionnelles.

⚠️ Ces deux derniers canaux (24/61 et 12/22) sont souvent oubliés car ils sont à la frontière entre la mutation individuelle et la connexion au collectif (notamment le 12/22 avec son lien au Plexus Solaire).

Circuit Individuel de la Connaissance

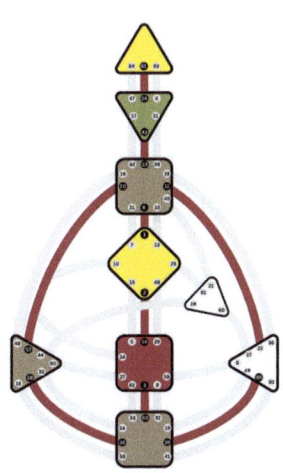

2. CIRCUIT DU CENTRAGE : "JE ME CHOISIS"

10/34 - Le Canal de l'Exploration (Générateur) | Le design de la poursuite de ses convictions - L'Exploration de Soi. Ce canal représente la capacité à explorer pleinement toutes les facettes de son être et à vivre en alignement avec ses convictions personnelles. Il incarne une force intérieure qui pousse à s'affirmer et à suivre son propre chemin.

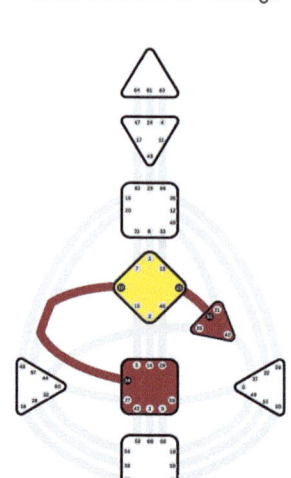

Circuit **Individuel** de Centrage

25/51 - Le Canal de l'Initiation (Projecteur) | Le design du besoin d'être le premier - L'Initiation et le Courage d'Être. Ce canal reflète un chemin d'initiation où l'individu équilibre son unicité avec les attentes sociales. Il illustre le courage d'être le premier à agir ou à s'exprimer, en mettant en avant ses valeurs, son cœur, et sa volonté pour faire une différence notable dans le monde.

Ces canaux du circuit du centrage mettent en lumière une énergie axée sur la force individuelle et l'authenticité, en inspirant les autres à embrasser leur propre unicité et à se reconnecter à leur essence profonde.

3. CANAUX D'INTÉGRATION : "JE SUIS PUISSANT ET PRÉSENT"

20/10 - Le Canal de l'Éveil (Projecteur) | Le design d'être fidèle aux principes honorables

10/57 - Le Canal de la Parfaite Conduite (Projecteur) | Le design de la survie

20/34 - Le Canal du Charisme (Générateur/Manifesteur-Générateur) | Le design du passage à l'action

34/57 - Le Canal du Pouvoir (Générateur) | Le design d'un archétype

Circuit de l'Intégration

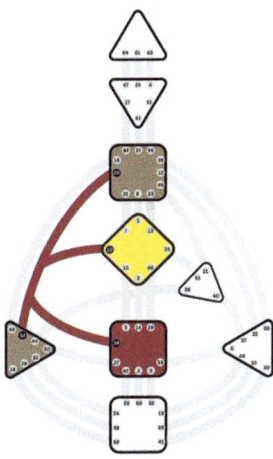

Le Circuit Individuel est une force de transformation dans le monde. Il ne suit pas les règles établies, mais les redéfinit en permanence. Ces individus portent la mutation en eux, et même s'ils ne sont pas toujours compris, ils sont essentiels à l'évolution collective. Leur rôle est d'incarner leur vérité, d'être des éclaireurs du changement et d'inspirer ceux qui sont prêts à entendre.

COMPLÉMENT SUR LE CIRCUIT DE L'INTÉGRATION
THÈME PRINCIPAL : INDIVIDUALITÉ, SURVIE ET INTUITION

Le Circuit de l'Intégration est une composante unique du Circuit Individuel du Human Design. Il représente un mécanisme profondément ancré dans la survie, l'intuition et l'expression de l'individualité. Ce circuit met en évidence la capacité à être pleinement présent dans l'instant, à écouter son intuition et à agir avec puissance et indépendance.

Contrairement aux circuits collectifs ou tribaux, le Circuit de l'Intégration est profondément autocentré. Il ne cherche ni à influencer un groupe ni à transmettre une sagesse collective. Son essence repose sur l'autosuffisance, l'alignement instinctif et la capacité à prendre des décisions instantanées basées sur des signaux internes plutôt que sur des schémas logiques ou des attentes extérieures.

LES DIFFÉRENTS CANAUX DU CIRCUIT DE L'INTÉGRATION

Ce circuit est formé par quatre canaux interconnectés qui favorisent l'adaptabilité, la puissance et l'intuition :

20/10 - Le Canal de l'Éveil
Le design d'être fidèle aux principes honorables
→ Ce canal incarne l'authenticité absolue et le respect des valeurs intrinsèques. Il donne une expression immédiate et alignée avec l'identité profonde. (Type : Projecteur)

10/57 - Le Canal de la Parfaite Conduite
Le design de la survie
→ Cette connexion entre le Centre G et le Centre Splénique favorise une intuition fine et aiguisée permettant une conduite instinctive adaptée aux circonstances. (Type : Projecteur)

20/34 - Le Canal du Charisme
Le design du passage à l'action
→ C'est une source d'énergie pure, capable de répondre à l'instant avec une grande puissance d'action. Il représente l'énergie du Manifesteur-Générateur en pleine autonomie. (Type : Générateur / Générateur-Manifesteur)

34/57 - Le Canal du Pouvoir
Le design d'un archétype
→ Ce canal combine la puissance brute du Centre Sacral avec l'intuition du Centre Splénique, créant un archétype de force intuitive, d'action rapide et de résilience. (Type : Générateur)

CARACTÉRISTIQUES CLÉS DU CIRCUIT DE L'INTÉGRATION

- **Survie** : Ces canaux assurent une réponse instinctive rapide, garantissant l'adaptabilité et la protection personnelle.
- **Intuition** : Une reliance au centre splénique favorise des prises de décision instantanées et précises.
- **Vivre dans l'instant présent** : Il n'y a pas d'anticipation ni d'attachement au passé, seulement l'action spontanée.
- **Puissance et amour de soi** : Ce circuit développe une profonde estime de soi et un sens inné de la puissance personnelle.
- **Égocentrisme fonctionnel** : Bien que cela puisse être perçu négativement, cette énergie est centrée sur l'auto-préservation et la confiance en soi.

DÉFIS

- **Difficulté à communiquer avec les autres** : Ce circuit étant très individuel,

il peut sembler détaché ou difficile à comprendre pour les autres.
- **Tendance à l'isolement** : L'indépendance peut conduire à un manque de connexion avec les dynamiques de groupe.
- **Risque d'impulsivité** : L'action spontanée peut parfois être mal calibrée ou non réfléchie.

POTENTIELS
- **Puissance et éveil** : Ce circuit permet une présence magnétique et une force intérieure naturelle.
- **Capacité à se diriger soi-même** : Il incarne un leadership autonome, basé sur l'alignement avec soi-même.
- **Innovation et originalité** : Ces individus apportent souvent une perspective nouvelle et audacieuse.

Le Circuit de l'Intégration est un puissant vecteur de survie et de transformation individuelle. Il pousse ceux qui en sont dotés à incarner une indépendance inébranlable et une grande force intérieure. Ce circuit est la quintessence de la présence, de la puissance et de l'intuition, et lorsque ces énergies sont maîtrisées, elles permettent une vie alignée, intuitive et magnétique.

Le Circuit Tribal

THÈME PRINCIPAL : SOUTIEN, RELATIONS ET GESTION DES RESSOURCES

La Circuiterie Tribale est l'élément fondamental du lien humain, centré sur le soutien mutuel, la protection et la continuité du groupe. Contrairement aux circuits individuels (axés sur l'innovation et la mutation) et collectifs (focalisés sur la transmission et le partage des connaissances), les circuits tribaux assurent la cohésion et la survie du groupe, en mettant en place des structures sociales, familiales et économiques solides.

La circuiterie tribale se divise en deux sous-circuits principaux :

Le Circuit de l'Ego : Il régit les accords, les ressources et l'influence du groupe à travers la volonté et l'ambition.

Le Circuit de la Défense : Il est responsable de la protection, du soin et de la transmission génétique et éducative.

Caractéristique des circuits tribaux

1. Liens étroits
- Favorise des connexions profondes et durables, basées sur la fidélité et l'engagement.
- Loyauté et responsabilité sont des valeurs essentielles pour maintenir l'équilibre du groupe.

2. Soutien et attachement
- Protège et prend soin des siens, assurant une sécurité matérielle et émotionnelle.
- Fait appel à des contrats implicites régissant les relations tribales : "Je prends soin de toi, tu prends soin de moi."

3. Monde matériel et réciprocité
- Acquisition, gestion et redistribution des ressources pour assurer la prospérité de la tribu.
- Fonctionne selon une logique d'échange et d'équilibre : "Je donne si tu donnes."

4. Sens associés
Odorat et toucher → Symboles de proximité physique et émotionnelle, fondamentaux pour les relations tribales.

Les deux circuits tribaux

1. LE CIRCUIT DE LA DÉFENSE

Protection, reproduction et transmission Le Circuit de la Défense veille à la continuité du groupe en assurant la survie, la transmission des valeurs et l'éducation.

Fonctionnalités :
- **Sécuriser le futur** : Protection de la famille, des enfants et des membres vulnérables du groupe.
- **Transmission intergénérationnelle** : Enseigner et préparer les jeunes aux responsabilités du groupe.
- **Préservation des traditions** : Maintien des normes établies pour assurer la stabilité.

59/6 - Le canal de l'accouplement (Générateur) | Conçu pour la reproduction et la connexion intime. - La Création de Liens Intimes. Ce canal favorise l'intimité et la connexion dans les relations personnelles. Il reflète une énergie reproductive et un désir de briser les barrières pour créer des liens profonds et sincères.

27/50 - Le canal de la préservation (Générateur) | Garantit la responsabilité et le soin des membres du groupe. - La Préservation et les Valeurs. Ce canal est axé sur la protection et la transmission des valeurs essentielles, qu'elles soient familiales ou communautaires. Il incarne l'énergie de conservation, soutenant à la fois les responsabilités individuelles et les besoins collectifs.

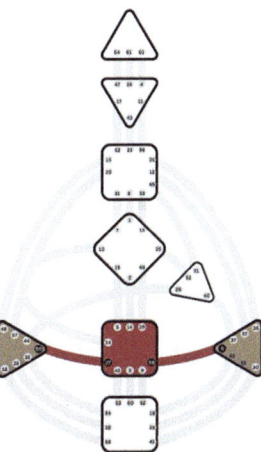

Circuit **Tribal** de La Défense

2. LE CIRCUIT DE L'EGO

Volonté, pouvoir et gestion des ressources Le Circuit de l'Ego joue un rôle clé dans l'économie du groupe, en équilibrant l'ambition individuelle et la survie tribale.

Fonctionnalités :

- **Acquisition et protection des ressources** : Garantit la stabilité financière et matérielle.
- **Leadership et négociation** : Influence et protection du groupe à travers des accords mutuels.
- **Définition des rôles** : Établit des structures hiérarchiques et des responsabilités claires.

21/45 - Le canal de l'argent (Manifesteur) | Pouvoir économique et contrôle des ressources. - L'Autorité et la Gestion des Ressources. Ce canal incarne une énergie de leadership matériel, liée à la gestion des finances et à la souveraineté. Il reflète une capacité à diriger et à organiser les ressources pour le bien du groupe.

26/44 - Le canal de la transmission (Projecteur) | Négociation et influence dans la gestion du groupe. - La Transmission et le Commerce. Ce canal symbolise l'art de transmettre des connaissances, de négocier et de vendre.

Il représente une énergie tournée vers le service et la valorisation des compétences pour garantir la prospérité collective.

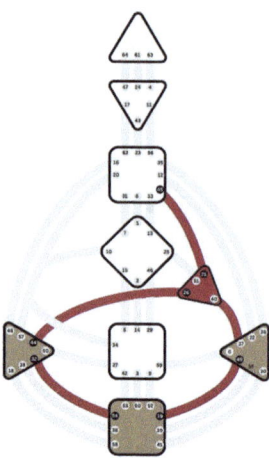

Circuit Tribal de l'Ego

32/54 - Le canal de la transformation (Projecteur) | Ambition et prospérité économique. - L'Ambition et la Persistance. Ce canal reflète l'instinct de survie et la capacité à transformer les ambitions en succès durables, en assurant la stabilité des projets et des relations au fil du temps.

40/37 - Le canal de la communauté (Projecteur) | Gestion des accords et équilibre social. - L'Harmonie dans les Relations. Ce canal représente l'énergie des compromis et des accords mutuels, renforçant les liens entre les membres du groupe à travers des échanges équilibrés et des engagements réciproques.

49/19 - Le canal de la synthèse (Projecteur) | Sensibilité aux besoins du groupe et aux rituels communautaires. - La Sensibilité et les Principes. Ce canal est axé sur la satisfaction des besoins collectifs et l'établissement de connexions profondes. Il incarne l'importance des principes émotionnels et sociaux dans les relations tribales.

Ces canaux du circuit tribal de l'égo et du circuit de la défense illustrent des énergies essentielles à la survie et à l'interdépendance. Ils permettent de bâtir des structures solides, d'assurer la sécurité et de préserver les ressources tout en favorisant des connexions intimes et authentiques. Ces dynamiques soutiennent les relations humaines à la fois dans leur dimension matérielle et émotionnelle.

Stratégies pour les circuits tribaux

- **Cultiver des relations équilibrées** : Maintenir un équilibre entre donner et recevoir dans chaque échange.
- **Renforcer les liens communautaires** : Favoriser un esprit de solidarité et d'entraide dans tous les projets.
- **Assurer une gestion saine des ressources** : Optimiser l'acquisition et la redistribution des ressources pour la prospérité collective.

LES 12 RÔLES TRIBAUX

Porte 59 : "Prendre" (Lié à l'intimité et à la reproduction)

Ligne 1 - Le Pénétrant : Analyse et sélectionne soigneusement ses relations.

Ligne 2 - Le Solitaire : Se protège des influences extérieures et choisit ses connexions avec soin.

Ligne 3 - L'Aventurier : Explore diverses relations et contextes pour enrichir la tribu.

Ligne 4 - Le Confident : Établit une connexion amicale avant toute intimité.

Ligne 5 - Le Séducteur : Attire les autres sans effort, grâce à un charisme naturel.

Ligne 6 - Le Rêveur : Cherche la relation idéale et évolue vers plus de réalisme avec le temps.

Porte 27 : "Donner" (Lié à la protection et au soin)

Ligne 1 - L'Égoïste : Donne uniquement lorsqu'il se sent en sécurité.

Ligne 2 - Le Nourricier : Donne sans compter mais sélectionne ceux qui reçoivent.

Ligne 3 - Le Dynamique : Encourage les autres à se surpasser.

Ligne 4 - Le Magnanime : Aide son réseau tout en consolidant sa propre position.

Ligne 5 - L'Exécutant : Assume ses responsabilités, même sous pression.

Ligne 6 - Le Réaliste : Évolue vers une approche pragmatique et équilibrée du don.

La Circuiterie Tribale est le socle du soutien, des engagements et de la protection mutuelle.
> Le Circuit de l'Ego assure la prospérité et la gestion des ressources, tandis que
> Le Circuit de la Défense garantit la survie et la transmission des valeurs.

Ces circuits influencent les relations personnelles et professionnelles, favorisant la loyauté, la stabilité et l'équilibre matériel dans tous les aspects de la vie humaine.

Applications pratiques

L'application pratique du Human Design commence par une compréhension approfondie de son propre schéma corporel. Cela permet de décoder les énergies actives et les influences externes dans nos interactions quotidiennes. Cette section explore comment lire et interpréter un schéma corporel, identifier les circuits majeurs et comprendre l'impact des centres définis et ouverts sur nos relations.

Comment lire et interpréter un schéma corporel ?

Le schéma corporel est une carte énergétique unique, calculée à partir de vos coordonnées de naissance. Elle met en lumière vos potentiels, vos forces, vos zones d'apprentissage, ainsi que les thèmes clés qui influencent votre vie. Pour le lire et l'interpréter efficacement, il convient de s'appuyer sur plusieurs éléments fondamentaux :

CONSIDÉRER LES TYPES ET PROFILS

Bien que non développés en profondeur dans ce livre, il est essentiel de mentionner ces deux concepts :

- Les **Types** : Ils définissent la dynamique générale de votre aura et la manière dont vous interagissez avec le monde. Les cinq types principaux sont Générateur, Générateur Manifesteur, Manifesteur, Projecteur et Réflecteur.

- Les **Profils** : Ils décrivent votre rôle dans la vie et votre approche des expériences. Les profils (ex. 1/3, 4/6) combinent deux "lignes" du Yi-King, offrant un éclairage sur vos comportements et vos interactions sociales.

ANALYSER L'AUTORITÉ ET LA STRATÉGIE

Ces deux éléments indiquent comment naviguer dans la vie et prendre des décisions alignées avec votre nature énergétique :

- **Stratégie** : Dictée par votre type (ex. répondre pour un Générateur, attendre l'invitation pour un Projecteur). Elle montre comment interagir de manière fluide avec le monde.

- **Autorité** : Votre boussole intérieure pour prendre des décisions, qu'elle soit basée sur les émotions, l'intuition, ou une autre modalité spécifique à votre design.

IDENTIFIER LES CENTRES

- **Centres définis** (colorés) :

Ils représentent des énergies stables et constantes dans votre vie. Ces centres indiquent vos traits innés et la manière dont vous influencez les autres. Par exemple, un centre Ajna défini montre une capacité constante à structurer et conceptualiser des idées.

- **Centres non définis** (non colorés) :

Ces centres amplifient les énergies externes et reflètent vos zones d'apprentissage. Ils montrent comment vous êtes influencé par l'environnement et les autres, mais aussi où réside un potentiel de sagesse. Par exemple, un centre G ouvert peut refléter une grande flexibilité dans l'identité et les directions de vie.

REPÉRER LES CANAUX ET LES PORTES

- **Canaux activés :**

Les canaux qui relient deux centres définis indiquent vos forces principales et les thèmes majeurs de votre design. Par exemple, le canal 34-20 (Action Charismatique) montre une capacité naturelle à manifester des actions immédiates et alignées.

- **Portes actives :**

Les portes (numéros dans les centres) reflètent des qualités spécifiques qui influencent vos expériences quotidiennes. Une porte activée, même sans canal complet, peut représenter des traits uniques qui s'expriment dans votre vie.

COMPRENDRE LES CIRCUITS

Chaque canal appartient à un circuit (individuel, collectif ou tribal), qui reflète la manière dont vous interagissez avec les autres et contribuez au monde :

- **Circuit Individuel** : Axé sur la mutation et l'innovation personnelle.

- **Circuit Collectif** : Centré sur le partage d'idées et d'expériences pour le bien commun.

- **Circuit Tribal** : Orienté vers le soutien, la préservation et les dynamiques relationnelles.

En combinant ces différents éléments, le schéma corporel révèle une carte énergétique riche et complexe qui vous guide pour mieux comprendre vos forces, vos défis, et la manière dont vous pouvez naviguer dans la vie avec plus de fluidité et d'alignement.

Identifier les circuits majeurs dans son propre design

Chaque personne a des activations qui appartiennent à l'un des trois grands circuits (individuel, collectif ou tribal) ou au circuit spécifique de l'intégration. Identifier vos circuits majeurs vous aide à comprendre vos motivations fondamentales :

CIRCUIT INDIVIDUEL :

- Axé sur la mutation et l'innovation. Les activations dans ce circuit favorisent l'expression unique et l'évolution personnelle.
- Indique un besoin de suivre son propre chemin, souvent en décalage avec les normes collectives.

CIRCUIT COLLECTIF :

- Centré sur le partage d'idées, d'expériences et de connaissances pour le bien commun.
- S'illustre par une capacité à inspirer et à guider les autres grâce à des visions logiques ou des récits émotionnels.

CIRCUIT TRIBAL :

- Focalisé sur le soutien, la préservation et les relations communautaires.
- Montre une énergie tournée vers la création de structures solides et l'équilibre dans les échanges relationnels.

CIRCUIT DE L'INTÉGRATION :

- Incarnant une énergie de survie et d'alignement personnel, ce circuit soutient la capacité à rester centré dans l'instant présent.

En identifiant vos circuits actifs, vous pouvez mieux comprendre votre rôle énergétique et la manière dont vous contribuez au monde.

L'impact des centres définis et ouverts dans les relations

Les centres définis et ouverts influencent significativement la manière dont nous interagissons avec les autres :

CENTRES DÉFINIS :

- Ils représentent vos énergies constantes et fiables. Dans les relations, ces centres influencent les autres en agissant comme des points d'ancrage.
- Par exemple, un centre émotionnel défini émet des vagues émotionnelles régulières qui peuvent affecter les personnes ayant un centre émotionnel ouvert.

CENTRES NON DÉFINIS :

- Ces centres amplifient les énergies des autres, offrant une grande flexibilité dans les relations.
- Cependant, ils peuvent également être sujets au conditionnement si l'on n'est pas conscient de leur influence.
- Par exemple, un centre de la Gorge ouvert peut refléter les modes d'expression des autres, ce qui peut être une force dans la communication, mais aussi une source de confusion si mal géré.

LES DYNAMIQUES RELATIONNELLES :

- Les centres ouverts et définis créent des connexions énergétiques uniques avec chaque personne. Ces connexions peuvent combler des espaces dans le design d'un individu ou amplifier certaines énergies.
- Comprendre ces interactions permet d'améliorer la communication, de réduire les malentendus, et de naviguer avec plus de fluidité dans les relations.

Appliquer ces concepts dans votre quotidien permet non seulement de mieux vous comprendre, mais aussi d'améliorer vos relations et vos décisions, tout en restant aligné avec votre design énergétique.

LA COMPLÉMENTARITÉ ENTRE CIRCUITS ET DÉFINITION

La définition et les circuits fonctionnent main dans la main pour révéler la mécanique subtile de notre unicité énergétique.

La définition indique le mode d'organisation de notre énergie : sommes-nous autonomes (simple définition) ou avons-nous besoin de ponts pour nous sentir complets (splits) ?

Les circuits précisent la nature même de cette énergie : sont-ce des forces de mutation individuelle, des dynamiques communautaires tribales ou des flux de connaissance collective ?

Ainsi, la définition apporte la structure de la circulation énergétique, tandis que les circuits en dévoilent le contenu et la vocation.

Les circuits nous renseignent sur le type d'énergie qui circule à travers notre force vitale.

La définition nous informe sur le schéma de cette circulation, sur la manière dont elle est canalisée et sur sa stabilité.

Comprendre cette synergie nous permet d'apprécier pleinement notre propre fonctionnement énergétique et celui des autres, en développant plus de tolérance, de clarté et d'alignement dans nos relations.

TABLEAU RÉCAPITULATIF

Circuits HD	Aspect de l'ombre	Haute expression
INDIVIDUEL Transformation	Se rebeller contre l'incertitude de l'insécurité, ignorer le bon moment et le besoin de préparation; Ressentir un besoin d'acception, se sentir exclu.	Rester authentique et incarner son identité profonde permet d'ouvrir la voie à de nouvelles possibilités pour l'humanité. Etre un modèle de transformation et d'intégrité personnelle inspire et change le monde.
COLLECTIF Logique / Compréhension	Adhésion rigide aux schémas existants par peur du changement. Laisser le doute et la suspicion empêcher d'évoluer vers de nouveaux modèles	Tester et expérimenter des informations pour mieux comprendre les schémas. Utiliser ces modèles pour anticiper les résultats futurs et apporter une compréhension collective.
COLLECTIF - Détection	Etre influencé par des illusions ou des traumatismes passés, permettant au chaos de guider les actions et les choix	Utiliser le pouvoir de la narration et des expériences personnelles pour transformer les anciens schémas et ouvrir l'horizon des possibilités, en créant une vision élargie de ce qui est possible.

INDIVIDUEL - Intégration	Etre épuisé par la pression de devoir constamment prouver son potentiel, souffrant de manque d'amour propre et de confiance.	Vivre en alignement avec son timing intérieur et extérieur. En incarnant l'amour et la confiance, l'individu inspire et permet l'accomplissement du potentiel humain collectif.
INDIVIDUEL - Centrage	Avancer sans tenir compte de l'impact sur les autres, manque de clarté dans son but et une méfiance à l'égard de la Source.	Incarner une profonde connexion avec la Source et le Soi supérieur, en inspirant les autres à suivre leur propre chemin de coeur en montrant
INDIVIDUEL - Savoir	Partager prématurément des idées non reçues, ressentir un isolement face aux autres qui ne sont pas prêts pour ce savoir	Faire confiance au bon timing pour partager ses connaissances. Planter les graines du changement et transmettre ses savoirs au moment où l'humanité est prête à évoluer.
TRIBAL - Durabilité	La peur du manque incite à l'égoïsme, à la thésaurisation et aux tensions, créant de l'épuisement et des conflits internes.	Créer et partager des ressources de manière durable. Instaurer une culture de partage fondée sur la suffisance et l'équité, où chacun peut s'épanouir en sécurité.

TRIBAL - Défense	Excès de sollicitude, codépendance, prendre des responsabilités à tort, pouvant entraîner des tensions et des réactions impulsives	Répondre aux besoins de manière nourrissante et équilibrée. Construire des fondations basées sur les valeurs de partage et d'amour, en apprenant à maintenir un équilibre sain.
TRIBAL - Ego	La peur et le manque conduisent à une mauvaise gestion des ressources et à des choix irréfléchis	Répondre au moment opportun, en respectant les besoins réels pour créer des valeurs et des ressources durables.
COLLECTIF - Synergie	S'accrocher aux vieux schémas ou adhérer à des concepts erronés, essayant de bâtir sur des fondations peu fiables ou obsolètes.	Comprendre et utiliser les expériences collectives pour créer des systèmes résilient, permettant d'exprimer le potentiel humain et de construire des infrastructures pour l'avenir.

CHAPITRE 4
LES CANAUX
LES FLUX ÉNERGÉTIQUES

Si la définition nous montre la structure de notre design et que les circuits nous dévoilent la coloration de notre force vitale, les canaux sont les véritables lignes de transmission de notre énergie. Ils relient les centres entre eux et créent les ponts énergétiques qui façonnent notre manière d'agir, de penser et de ressentir.

Chaque canal activé dans votre schéma corporel est une voie vivante à travers laquelle votre énergie circule de façon naturelle et constante. Les canaux constituent les artères du BodyGraph, où s'expriment nos talents innés, nos forces vitales spécifiques et nos compétences particulières.

Les canaux sont le terrain d'expression de votre puissance intérieure. Ils portent les qualités spécifiques de votre design et vous offrent des indications claires sur :
- Votre manière de prendre des décisions.
- La façon dont vous exprimez votre énergie dans le monde.
- Les comportements, ressources ou compétences qui vous viennent instinctivement.

Chaque canal fait partie d'un circuit et se rattache à un ou plusieurs centres, créant ainsi des dynamiques riches et variées selon les connexions activées.

Trois types de canaux pour une lecture plus fine :
Les canaux moteurs : ils véhiculent une énergie puissante pour initier ou soutenir l'action.
Les canaux projecteurs : ils transportent des messages ou des schémas cognitifs vers la manifestation ou la communication.
Les canaux transformateurs : ils facilitent l'évolution, la mutation et la transmission d'une énergie vers un nouveau palier.

Comprendre vos canaux vous permet d'identifier ce qui vous anime en profondeur et vous révèle comment vous impactez naturellement votre environnement et vos relations.

Dans cette partie, nous explorerons ensemble les différents types de canaux, leur influence sur votre dynamique personnelle et collective, ainsi que leur rôle dans la création d'une signature énergétique unique.

"Les canaux sont les rivières intérieures qui unissent nos potentiels et donnent vie à notre design."

Comprendre les canaux et leurs rôles

Les canaux, axes de la force vitale

Dans le système du Human Design, les canaux sont bien plus que de simples lignes reliant deux centres sur un BodyGraph. Ils sont les véritables artères énergétiques, assurant le flux de la force vitale entre les centres. Chaque canal est le résultat d'une juxtaposition de deux portes activées, créant ainsi une définition vivante.

Un canal représente l'unité de base de la force vitale dans votre design. Ce n'est pas simplement une addition de deux portes, mais une synergie : une dynamique unique qui va modeler vos comportements, vos choix et la manière dont vous interagissez avec le monde. Chaque canal porte ainsi une fréquence spécifique, souvent associée à des talents naturels, des patterns de comportement ou des thématiques de vie récurrentes.

Les canaux, créateurs de thématiques de vie

Chaque canal activé dans votre schéma corporel raconte une histoire énergétique : il est le théâtre d'un potentiel à incarner. Cette histoire se décline selon la polarité des deux portes qu'il relie, mais également selon le circuit auquel il appartient (individuel, collectif ou tribal).

Ces canaux constituent une véritable cartographie de votre expression énergétique :
- Certains canaux induisent un besoin profond de mutation personnelle et d'individualité (canaux du circuit individuel).
- D'autres génèrent des dynamiques de groupe et de soutien

communautaire (canaux du circuit tribal).
- Tandis que d'autres encore vont porter des messages universels et collectifs (canaux du circuit collectif).

Les canaux activés donnent des indices précieux sur votre mission de vie, vos forces naturelles, mais aussi sur ce qui peut vous challenger au quotidien.

Canaux et mécanique décisionnelle

Les canaux ne fonctionnent pas isolément : ils créent des ponts entre les centres et participent directement à la manière dont votre stratégie et votre autorité intérieure se manifestent. C'est à travers vos canaux que vos centres définis « dialoguent » et que la force vitale s'exprime concrètement.

Exemple : une personne avec un canal reliant le Sacral à la Gorge (comme le canal 34-20) pourra exprimer instantanément une réponse sacrale dans sa communication ou dans l'action, tandis qu'une personne avec un canal reliant l'Ajna à la Gorge (comme le canal 43-23) exprimera plutôt ses insights mentaux.

Les canaux sont donc des filtres essentiels : ils influencent la qualité et la forme de la réponse énergétique. Ils déterminent aussi comment l'énergie vitale est utilisée : dans l'instant, à travers l'intuition, l'émotion ou la conceptualisation.

Canaux moteurs, projecteurs et transformateurs expliqués

Les canaux moteurs

Les canaux moteurs sont directement reliés aux centres moteurs du BodyGraph : le Sacral, la Racine, le Cœur (Ego) et le Plexus Solaire. Leur vocation est de générer, propulser et entretenir l'énergie dans l'organisme énergétique. Ce sont des canaux de mise en mouvement, souvent associés à l'action, au travail, à la résistance ou à la passion.

Ils conditionnent la manière dont vous vous mettez en action ou comment vous êtes portés par des élans énergétiques naturels. Les personnes ayant plusieurs canaux moteurs activés ressentent souvent un besoin physiologique de "faire", d'accomplir et de matérialiser l'énergie à travers le corps ou la volonté.

Rôle : Les canaux moteurs transportent l'énergie brute issue des centres moteurs (Sacral, Cœur, Racine et Plexus Solaire) pour la mettre au service de l'action, de l'instinct ou de l'impulsion.
Caractéristique principale : Ils alimentent la capacité à agir, à initier ou à maintenir l'effort.

Exemples emblématiques :
34-20 (Canal du Charisme) : la puissance sacrale se manifeste directement dans l'instant présent via la Gorge. C'est l'un des canaux les plus puissants en termes d'initiative immédiate.
59-6 (Canal de l'Intimité) : moteur de rapprochement, il crée l'énergie nécessaire à l'établissement de liens profonds et reproductifs.
54-32 (Canal de l'Ambition) : il pousse l'individu à gravir les échelons, à améliorer sa position sociale ou matérielle.

Les canaux projecteurs

Les canaux projecteurs sont souvent reliés à des centres dits "supérieurs" comme l'Ajna, la Gorge ou le Centre G. Ils ne sont pas moteurs, mais servent à canaliser, exprimer et diriger l'énergie provenant d'autres centres. Ces canaux facilitent la conceptualisation, l'expression et l'articulation de la pensée, des visions ou des plans d'action.

Ces canaux sont dits « projecteurs » car ils projettent l'énergie disponible sous forme de communication, d'orientation ou de structure. Ils peuvent également être associés à des talents d'enseignement, de direction ou de transmission d'informations vers l'extérieur.

<u>Rôle</u> : Ces canaux servent de ponts énergétiques, assurant la transmission ou la coordination d'informations et d'intuitions entre centres.
<u>Caractéristique principale</u> : Ils facilitent la conceptualisation, la communication ou l'intégration des données internes (Ajna, Gorge, Centre G...).

Exemples emblématiques :
43-23 (Canal de la Structuration) : il transforme des éclairs de génie (intuition individuelle) en communication verbale.
1-8 (Canal de l'Inspiration) : créativité individuelle projetée dans la société, pour impacter l'environnement.
31-7 (Canal du Leadership Alpha) : autorité naturelle dans le cadre du collectif, charisme verbal pour diriger.

Les canaux transformateurs

Les canaux transformateurs ont une fonction de passage d'un état énergétique à un autre. Ils transmutent une énergie brute ou bloquée en une forme nouvelle, souvent en lien avec des processus d'évolution, de mutation ou d'expérimentation.

Ils sont particulièrement présents dans les circuits individuels et dans certains circuits collectifs. Ces canaux accompagnent les crises, les changements de cycles, ou les transitions profondes dans la vie d'un individu ou d'un groupe.

<u>Rôle</u> : Ces canaux facilitent la mutation, l'évolution ou la transformation énergétique d'une information ou d'une impulsion au sein du schéma corporel.
<u>Caractéristique principale</u> : Ils permettent à l'énergie de changer de forme, de densité ou de niveau de conscience.

Exemples emblématiques :
3-60 (Canal de la Mutation) : il transforme la limitation en innovation,

représente l'adaptation et le renouvellement.

35-36 (Canal de la Versatilité) : canal collectif d'expérimentation émotionnelle, il favorise le changement par l'expérience et le dépassement de la crise.

53-42 (Canal du Développement) : il incarne le processus cyclique de début et de fin, menant à la maturation.

Les canaux forment l'ossature même de la circulation énergétique dans le BodyGraph. Ils donnent vie aux centres et leur permettent de s'exprimer dans la matière. Comprendre la nature de ses propres canaux, c'est mettre en lumière la manière dont l'énergie s'organise et se déploie à travers nous.

Ces circuits énergétiques, bien que discrets et souvent inconscients, sont à la source de nos impulsions à agir, à exprimer ou à évoluer. Leur typologie – moteur, projecteur ou transformateur – nous renseigne non seulement sur nos dynamiques internes mais aussi sur notre influence sur l'environnement et les autres.

Ils sont également des ponts entre notre monde intérieur et le monde extérieur, façonnant nos interactions et notre posture dans la vie. Un canal moteur nous poussera à agir, un canal projecteur à transmettre ou diriger, tandis qu'un canal transformateur nous fera accompagner ou incarner le changement.

En résumé, les canaux sont des vecteurs puissants de différenciation : ils nous rappellent que chaque être humain est une combinaison unique d'énergie, d'expression et de transformation.

L'impact des canaux sur les relations et le travail

Canaux et dynamique relationnelle

Les canaux ne déterminent pas uniquement notre énergie

intérieure : ils influencent profondément la façon dont nous interagissons avec les autres. Un canal actif dans notre BodyGraph crée une "signature" énergétique stable qui, au contact d'autrui, active certaines dynamiques spécifiques.

Les canaux moteurs créent souvent une impression d'initiative, de dynamisme ou de présence physique forte. Par exemple, une personne avec le 34-20 aura naturellement une capacité à prendre l'espace et à impulser l'action dans un groupe.

Les canaux projecteurs vont favoriser l'orientation, l'enseignement ou le leadership subtil. Ils peuvent orienter les autres à travers leurs paroles ou leur manière d'organiser l'information.

Les canaux transformateurs, quant à eux, attirent ou déclenchent des situations de transition et de mutation. Ils sont souvent présents chez ceux qui traversent ou provoquent des changements significatifs chez eux ou autour d'eux.

Dans les relations intimes, certains canaux favorisent la connexion (ex : 59-6, intimité), tandis que d'autres poussent à la différenciation ou à la protection de l'individualité (ex : 57-34, instinct de survie).

Canaux et posture professionnelle

Au travail, les canaux influencent directement notre rôle naturel dans une équipe ou un projet. Un canal moteur pourra amener une énergie d'exécution et de performance, là où un canal projecteur apportera la capacité de diriger, guider ou d'organiser les autres.

Canaux moteurs = énergie de construction, d'initiation, de résistance.
Canaux projecteurs = communication, transmission d'une vision, capacité à diriger.
Canaux transformateurs = innovation, capacité d'adaptation, résilience face au changement.

Par exemple :

Un canal 54-32 peut motiver un individu à grimper dans une hiérarchie ou à sécuriser des ressources pour la communauté.

Un canal 1-8 peut inspirer des innovations artistiques ou des initiatives originales.

Un 43-23 amène des éclairs de génie qu'il faut apprendre à bien formuler pour être compris.

Les canaux favorisent ainsi certaines fonctions :
- Leadership naturel avec des canaux du circuit collectif ou tribal.
- Créativité individuelle via les canaux du circuit individuel.
- Résilience et endurance grâce aux canaux moteurs.

Canaux et mission de vie

Lorsqu'un canal est partiellement activé (une seule porte activée), la personne recherche inconsciemment la complémentarité chez l'autre. Cela crée des "ponts", aussi appelés "**ponts électromagnétiques**", qui nourrissent des attirances ou affinités énergétiques dans les relations.

Par exemple, une personne avec la porte 29 active dans le Sacral peut être attirée par quelqu'un ayant la porte 46, formant ensemble le canal 29-46 (le canal de la Découverte). Ces ponts créent des dynamiques relationnelles riches, parfois même l'impression de « complétude » quand les canaux sont réunis.

En somme, les canaux modèlent subtilement notre façon de contribuer au monde et d'entrer en résonance avec les autres. Apprendre à les connaître permet de mieux comprendre ce que l'on apporte naturellement et ce que l'on recherche inconsciemment chez les autres.

Les canaux forment l'ossature énergétique du BodyGraph, reliant les centres et constituant la structure même de la force vitale d'un individu. Ce sont eux qui traduisent l'alchimie unique entre nos centres définis et qui révèlent la manière dont nous sommes conçus pour manifester, projeter ou transformer l'énergie.

Chaque canal porte en lui un message singulier, une fréquence et un potentiel particulier : certains initient l'action, d'autres transmettent des idées ou catalysent des mutations. Cette diversité énergétique façonne la manière dont nous prenons notre place dans le monde et interagissons avec notre environnement.

Les canaux sont aussi des passeurs : entre soi et les autres, entre l'intime et le collectif, entre le visible et l'invisible. Ils sont des forces structurantes de notre contribution personnelle, mais aussi des vecteurs de complémentarité dans nos relations, créant des ponts et des synergies naturelles.

En apprenant à les décoder, nous comprenons mieux :
- Nos élans naturels dans la vie.
- Notre manière d'entrer en relation avec l'autre.
- Le rôle clé que nous sommes appelés à jouer au sein de notre environnement.

Les canaux sont bien plus que de simples connexions dans un graphique ; ils sont l'expression vivante de notre design, la manifestation vibrante de ce que nous sommes venus expérimenter et partager.

RÉCAPITULATIF DES CANAUX

LES CANAUX TÊTE/ AJNA

64-47, Canal de l'abstraction : Pression constante à donner du sens aux expériences passées, mental très actif

61-24, Canal de la conscience : Appelé aussi le penseur, mental toujours occupé dans de profondes réflexions, besoin de silence

63-4, Canal de la logique : L'esprit logique qui remet tout en question, anxiété à ne pas trouver toujours des réponses, se questionner pour le collectif plutôt que pour soi-même

LES CANAUX AJNA/ GORGE

17-62, Canal de l'acceptation : L'organisation mentale à partir des détails, donner son opinion en détail, capacité à organiser les choses logiquement pour les autres

43-23, Canal de la structuration : Canal très puissant, exprimer ses intuitions venant d'ailleurs (3ème œil), apporter un nouveau point de vue qui peut déranger, peut passer pour un génie ou pour un fou

11-56, Canal de la curiosité : Canal du storyteller, grande curiosité, aimer raconter des histoires

LES CANAUX GORGE/ SPLÉNIQUE

16-48, Canal du talent : Exprimer ses talents de manière unique et originale avec enthousiasme, se perfectionner à travers la répétition, peur de ne pas être assez

20-57, Canal de l'onde cérébrale : L'intuition dans le moment présent, savoir les choses instinctivement sans passer par le mental

LE CANAL GORGE/ SACRAL

20-34, Canal du charisme : Canal très puissant au niveau énergétique, besoin de s'occuper avec des projets vibrants, rapidité pour passer d'un projet à l'autre

LES CANAUX GORGE/ CENTRE G

31-7, Canal de l'alpha : Canal du leadership par excellence, mener et guider la société, avoir des responsabilités

8-1, Canal de l'inspiration : Donner l'exemple, inspirer les autres en montrant qui on est, dans son expressivité et sa créativité authentiques

33-13, Canal du prodigue : Communiquer sur ses expériences, à travers son vécu, pour guider les autres, leur donner une direction

10-20, Canal de l'éveil : Accueillir, aimer et vivre avec authenticité chaque instant

LE CANAL GORGE/ CŒUR

45-21, Canal de l'argent : La volonté de gagner de l'argent, d'apporter les ressources matérielles à sa communauté, vouloir contrôler sans l'être soi-même, indépendance

LES CANAUX GORGE/ PLEXUS SOLAIRE

35-36, Canal de la versatilité : Le désir de vivre des expériences émotionnelles fortes, besoin de stimulation, profiter de l'instant

12-22, Canal de l'ouverture : L'ouverture dépend de l'humeur, peut émouvoir les autres à travers la créativité comme l'art oratoire ou au contraire les heurter en partageant ses vagues émotionnelles, attendre le bon moment pour dire les choses

LE CANAL CENTRE G/ SPLÉNIQUE

10-57, Canal de la forme parfaite : La conscience instinctive de s'aimer soi-même, pouvoir toujours compter sur son intuition pour se sortir de n'importe quelle situation, personne inspirante pour les autres

LES CANAUX CENTRE G/ SACRAL

15-5, Canal du rythme : La capacité à vivre au rythme de la vie, dans le flux naturel des choses, en synchronicité

2-14, Canal de l'alchimiste : Avoir l'énergie vitale pour innover, utiliser les ressources pour améliorer les choses afin de donner une nouvelle direction aux autres

46-29, Canal de la découverte : S'engager dans les expériences jusqu'au bout, faire confiance qu'on est là où on doit être et se détacher des attentes

34-10, Canal de l'exploration : Suivre ses convictions, se comporter de manière indépendante et authentique même si cela peut sembler inhabituel

LE CANAL CENTRE G/ CŒUR

25-51, Canal de l'initiation : La compétition, se challenger pour arriver en 1er, avoir le courage de repousser ses limites quitte à choquer ou être un exemple, potentiel à lancer de nouveaux mouvements ou organisations

LE CANAL CŒUR/ SPLÉNIQUE

26-44, Canal de l'esprit d'initiative : Le don de vendre pour améliorer les choses, savoir ce dont les autres ont besoin

LE CANAL CŒUR/ PLEXUS SOLAIRE

40-37, Canal de la communauté : L'importance de la famille, de créer des relations sur la confiance, travailler dur pour la soutenir et en attendre la reconnaissance, besoin de se retirer afin de se reposer

LES CANAUX SPLÉNIQUE/ SACRAL

57-34, Canal du pouvoir : L'instinct de survie dans l'instant présent, rapidité d'action en cas d'urgence

50-27, Canal de la préservation : Le besoin de prendre soin de la communauté pour sa préservation, savoir prendre soin de soi pour s'occuper ensuite des autres, assumer les responsabilités

LES CANAUX SPLÉNIQUE/ RACINE

32-54, Canal de la transformation : L'ambition soutenue par l'effort constant, travailler dur, vivre de grandes transformations

28-38, Canal de la lutte : L'âme guerrière et courageuse, lutter pour trouver un sens à sa vie, pour trouver une raison d'être aux challenges, détermination à franchir les obstacles, se battre jusqu'au bout pour une juste cause

18-58, Canal du jugement : Le perfectionnisme dans toute sa splendeur, en recherche d'amélioration constante, peut tomber dans le jugement critique, l'insatisfaction permanente

LES CANAUX SACRAL/ RACINE

42-53, Canal de la maturation : L'enchaînement de nouveaux cycles, vivre des expériences et les mener jusqu'au bout pour en acquérir les leçons et la sagesse

3-60, Canal de la mutation : Vivre souvent de grands changements et ne pas savoir à quel moment ils arrivent

9-52, Canal de la concentration : La capacité à rester focus, à se concentrer sur les détails, à se tenir éloigné des distractions

LE CANAL SACRAL/ PLEXUS SOLAIRE

59-6, Canal de l'accouplement : L'énergie vitale de procréation mais aussi pour la création de nouveaux projets afin d'assurer la survie, capacité à créer de fortes connexions sexuelles et intimes, facilité naturelle à établir des relations pour des projets fertiles

LES CANAUX PLEXUS SOLAIRE/ RACINE

49-19, Canal de la sensibilité : L'importance capitale de la famille, personne importante au sein de sa communauté, apporter son soutien et se sentir aussi soutenu(e), connecter les gens entre eux car nécessaire à l'évolution de la tribu

55-39, Canal de l'émotion : Pics émotionnels très intenses, oscillant entre grande joie et forte mélancolie, personne qui sait faire ressortir la nature des gens et sait qui lui convient

30-41, Canal de la reconnaissance : Besoin d'avancer vers de nouvelles expériences, en lien avec l'imagination et les désirs, personne visionnaire tournée vers le futur

CHAPITRE 5

Les Ponts Électromagnétiques

Dans le système du Design Humain, les ponts (ou « électromagnétiques ») jouent un rôle fondamental dans nos dynamiques relationnelles. Ils expliquent cette attraction magnétique ou ce sentiment d'achèvement ressenti au contact de certaines personnes. En effet, lorsqu'un individu active une moitié de canal via une porte et qu'une autre personne possède la porte complémentaire, une « jonction » énergétique se crée : c'est un pont.

Ces ponts viennent compléter des canaux partiels, comblant ce qui est ressenti intérieurement comme un « vide énergétique ». Ils sont au cœur de nombreuses synergies affectives et professionnelles et expliquent souvent pourquoi certaines relations semblent naturellement fluides, complices ou stimulantes.

Au fil de cette section, nous explorerons :
Comment fonctionnent ces connexions dites électromagnétiques.
Leur impact dans les dynamiques de couple, de groupe ou d'équipe.
Les potentiels de croissance qu'elles activent... mais aussi les tensions ou projections qu'elles peuvent générer.

Ces ponts révèlent à quel point l'autre vient activer chez nous des ressources latentes et comment ces connexions influencent nos comportements, parfois même à notre insu.

Comment fonctionnent les connexions dites électromagnétiques ?

Dans le Design Humain, une connexion électromagnétique se produit lorsqu'une personne détient une porte activée dans un canal non complété et rencontre une autre personne possédant la porte complémentaire, fermant ainsi le canal. Cette activation entre les deux schémas corporels crée instantanément une sensation d'attraction ou d'achèvement énergétique.

On parle de pont car cette connexion permet de franchir l'espace entre deux centres qui, dans son propre design, restaient « en attente » d'une jonction complète. Cette union temporaire déclenche la force vitale du canal entier, qui s'exprime pleinement tant que les deux personnes restent en interaction.

LE MÉCANISME ÉNERGÉTIQUE :

Une moitié de canal chez chaque individu : chaque personne porte en elle une polarité énergétique d'un canal. Ex : vous avez la porte 29 activée, et l'autre personne possède la porte 46.

Complémentarité instantanée : dès que ces deux personnes partagent leur aura, le canal complet (29-46) s'active de manière vivante et vibrante, générant une énergie supplémentaire non présente lorsque chacun est seul.

Un effet unique et temporaire : cette force vitale conjointe ne dure que le temps de l'interaction ou de la proximité. C'est pourquoi ces ponts sont souvent à l'origine d'une forte attraction ou d'une intensité relationnelle immédiate.

LES PONTS DANS LA DYNAMIQUE RELATIONNELLE :

Dans les relations amoureuses, ces ponts sont souvent liés à des sentiments d'attraction, de magnétisme ou de complémentarité. Ils expliquent en partie pourquoi certaines relations peuvent donner l'impression d'être « faites l'une pour l'autre ».

Dans le cadre professionnel, ils peuvent donner naissance à des synergies d'équipe naturelles, où chaque personne apporte une partie de l'énergie manquante pour la création ou la mise en œuvre de projets.

Dans les relations familiales ou amicales, ces ponts créent des impressions de soutien mutuel, d'aisance et de collaboration fluide, ou à l'inverse, des tensions lorsque l'énergie activée est confrontante.

Ce qu'apportent ces connexions :
- Un sentiment d'unité énergétique, comme si quelque chose se complétait intérieurement.
- Une puissance accrue dans l'expression de certains comportements ou talents.

- La capacité à expérimenter des dynamiques inédites que la personne ne peut activer seule.

Il est important de noter que ces ponts peuvent aussi conditionner subtilement l'individu à rechercher ce type de complémentarité, parfois au détriment de son propre alignement, d'où l'importance de rester conscient de ces influences dans ses relations.

L'impact des ponts électromagnétiques dans les relations et le travail

Les ponts électromagnétiques sont des catalyseurs puissants dans nos interactions. Ils créent des dynamiques particulières qui vont bien au-delà de la simple compatibilité ou du ressenti personnel. Leur influence est profonde et souvent à l'origine de certains schémas relationnels répétitifs ou de collaborations fructueuses.

DANS LES RELATIONS PERSONNELLES ET DE COUPLE

Lorsqu'un pont se crée dans une relation intime, cela peut générer un sentiment de fusion ou d'incomplétude comblée. Les partenaires ressentent qu'ils "complètent" l'un l'autre un potentiel énergétique manquant dans leur propre design.

L'intensité émotionnelle ou physique peut être accentuée, surtout si les centres concernés sont des centres moteurs comme le Sacral ou le Plexus Solaire.

Ce pont peut créer une forme de dépendance énergétique inconsciente, où l'un ressent le besoin de la présence de l'autre pour se sentir "entier" ou stable.

Certaines relations sont souvent attirées l'une vers l'autre précisément à cause de ces ponts, mais cela peut également créer des zones de tension, surtout si l'un des partenaires n'est pas prêt à supporter l'énergie que le pont active.

DANS LES RELATIONS PROFESSIONNELLES ET D'ÉQUIPE

Dans le cadre du travail, ces ponts créent des complémentarités stratégiques. Une équipe où plusieurs ponts électromagnétiques existent sera souvent plus efficace sur certains projets car elle bénéficie de synergies énergétiques naturelles.

Les ponts peuvent permettre de compléter des canaux moteurs ou des canaux de transformation, amenant l'énergie nécessaire pour initier ou finaliser un projet.

Ces connexions peuvent renforcer l'efficacité collective, surtout lorsque des centres stratégiques comme la Gorge (expression) ou le Sacral (force de travail) sont concernés.

En revanche, un pont actif dans un contexte de désalignement peut exacerber des frictions ou des résistances si les personnes sont inconsciemment "tirées" par l'énergie du canal activé sans y être prêtes.

Dans la sphère familiale et sociale

Les ponts sont également très fréquents dans les familles et entre amis proches, expliquant des dynamiques récurrentes d'attraction ou de rejet, selon la nature des canaux activés.

Un pont dans le canal de la protection tribale par exemple, pourra générer un fort instinct de responsabilité mutuelle, voire de sacrifice.
Un pont dans un canal de mutation individuelle activera des forces de changement ou de remise en question dans la relation.

En résumé, ces connexions jouent un rôle essentiel dans la construction de nos dynamiques relationnelles. Elles viennent éveiller, activer ou renforcer certaines forces vitales que nous ne pouvons exprimer seuls.

Les ponts : un potentiel d'évolution... mais aussi de vigilance

Si les ponts électromagnétiques offrent de véritables opportunités d'évolution, ils peuvent aussi représenter des pièges inconscients lorsqu'on en devient trop dépendant ou lorsqu'on ignore leur impact dans nos dynamiques de vie.

LES BÉNÉFICES

Accélérateur de croissance : ces ponts permettent de vivre des expériences inédites qui, sans l'autre, seraient inaccessibles. Cela ouvre à de nouveaux apprentissages, à des talents émergents et à une exploration plus large de sa propre nature.

Catalyseur de différenciation : en vivant ces ponts de manière consciente, on apprend à reconnaître comment l'énergie de l'autre vient nous compléter sans pour autant fusionner totalement. Cela favorise une différenciation saine et un respect mutuel des individualités.

Renforcement des compétences relationnelles : dans le cadre du travail ou en groupe, ces ponts facilitent la coopération et les collaborations fructueuses, en créant des synergies naturelles qui élèvent la qualité de l'échange.

LES POINTS DE VIGILANCE

Risque de dépendance énergétique : certaines relations peuvent devenir conditionnées par la recherche de ce pont, créant une sensation de vide ou de manque dès que l'autre s'éloigne.

Sur-identification à l'autre : il est possible de s'approprier à tort une énergie qui n'est activée qu'en présence de l'autre, donnant l'illusion que cette compétence ou force nous appartient individuellement.

Tensions potentielles : selon le canal activé, le pont peut aussi exacerber des forces conflictuelles ou des différences de rythme et de vision, en particulier si les deux individus ne sont pas en phase dans leur maturité émotionnelle ou énergétique.

LA CLÉ : LA CONSCIENCE

Travailler avec les ponts, c'est avant tout cultiver une présence consciente à ses propres définitions et reconnaître que l'autre vient activer quelque chose que nous portons en potentiel.

Les ponts peuvent être de véritables leviers d'évolution personnelle, à condition d'en reconnaître la dynamique et de ne pas s'y perdre. C'est en observant et en respectant sa propre stratégie et autorité intérieure que chacun pourra naviguer ces connexions de façon alignée.

Les ponts électromagnétiques sont des mécanismes subtils mais puissants, créant des dynamiques de complémentarité qui façonnent la qualité de nos relations personnelles, professionnelles et sociales. Ils sont l'une des clés fondamentales pour comprendre pourquoi certaines connexions humaines semblent « naturelles » ou particulièrement stimulantes.

Ces ponts activent en nous des zones non définies ou dormantes, créant ainsi des opportunités d'apprentissage mutuel, de croissance et parfois de défis. Ils viennent nous rappeler que nous sommes intrinsèquement relationnels et que, dans l'interaction avec l'autre, notre design s'épanouit pleinement.

Cependant, pour tirer le meilleur parti de ces connexions, la vigilance est de mise : il est essentiel de rester ancré dans son propre design, de respecter ses cycles et d'accueillir ces ponts comme des occasions d'enrichissement – sans pour autant céder à la fusion ou à la perte de soi.

Le pont électromagnétique est donc une invitation à co-créer de manière consciente et différenciée, que ce soit dans la sphère intime, professionnelle ou collective.

"Dans chaque lien électromagnétique, il existe le potentiel d'un éveil – à condition de savoir qui l'on est avant d'être deux."

CONCLUSION
HARMONISER SES CENTRES ET SES CIRCUITS

Ce voyage au cœur des centres, des circuits, des canaux et des dynamiques énergétiques du Design Humain vous a permis de plonger dans la mécanique subtile et précise qui régit votre carte intérieure.

En prenant le temps de comprendre comment chaque centre agit et interagit, comment les canaux portent la force vitale, et comment les circuits façonnent nos modes de fonctionnement, vous disposez désormais d'une base solide pour naviguer votre design et mieux comprendre les dynamiques qui vous relient aux autres.

Mais le Design Humain est une science vivante, un chemin d'évolution perpétuelle. Chaque prise de conscience, chaque observation vous rapproche un peu plus de votre unicité et vous ouvre les portes de relations plus conscientes et plus fluides.

Pour aller encore plus loin dans l'exploration, je vous invite à poursuivre ce parcours avec le Tome 3 – La Bible des 64 Portes. Ce volume de référence vous permettra d'approfondir l'essence de chacune des 64 portes du BodyGraph. Vous y découvrirez des fiches détaillées pour chaque porte, l'intégration des 64 canaux, ainsi qu'une ouverture vers les 64 clés génétiques, enrichissant encore votre compréhension des dynamiques qui sous-tendent votre design personnel.

Ce tome 3 vous offrira :
- Une lecture archétypale et pratique de chaque porte.
- Les spécificités des canaux qu'elles forment.
- Une vision élargie vers les sphères des Clés Génétiques pour un travail de déconditionnement plus profond.

Je vous remercie de m'avoir accompagné tout au long de ce tome et vous invite à honorer votre design, à observer ses subtilités et à continuer cette aventure d'exploration intérieure et collective.

"Connaître son design, c'est ouvrir la porte à son potentiel unique et à une relation plus alignée avec la vie."

ANNEXES

Guide rapide d'alignement des centres

CENTRE TÊTE - COURONNE
Le thème du centre de la tête est l'information et l'inspiration.

TÊTE DÉFINIE
<u>Aligné</u> : Recevoir des informations au fur et à mesure des besoins et agir quand l'inspiration vient.

<u>Désalignée</u> : Ignorer sa propre inspiration et essayer de la trouver à l'extérieur.

TÊTE NON DÉFINIE
<u>Aligné</u> : A besoin de lire un livre ou d'interagir avec quelqu'un pour se sentir inspiré.

<u>Désalignée</u> : Absorber trop d'informations ou essayer de trouver l'inspiration intérieure.

CENTRE AJNA
Le thème de l'Ajna est le traitement de l'information.

AJNA DÉFINI
<u>Aligné</u> : Être certain et cohérent dans sa manière de penser.

<u>Désalignée</u> : Rigidité mentale, peur de changer d'opinion.

AJNA NON DÉFINI
<u>Aligné</u> : Ne pas se contenter d'une seule façon de voir les choses, mais voir les possibilités des nombreuses façons de voir les choses.

<u>Désalignée</u> : Essayer de choisir un camp ou d'être certain d'un point de vue.

CENTRE GORGE
Le thème du centre de la gorge est l'expression des choses dans l'existence, ou la manifestation des pensées dans l'action.

GORGE DÉFINIE
<u>Aligné</u> : Parler quand on a quelque chose à dire.

Désalignée : Rester silencieuse quand on a quelque chose à dire : Se taire quand on a quelque chose à dire.

GORGE NON DÉFINIE

Aligné : Demandez-vous si vous avez vraiment quelque chose à dire, si ce n'est pas le cas, restez assis avec la pression ou essayez d'attendre que quelqu'un vous reconnaisse avant de parler.

Désalignée : Parler si l'on n'a pas vraiment quelque chose à dire.

CENTRE G - IDENTITÉ

Le thème du centre d'identité est l'amour et la direction.

CENTRE G DÉFINI

Aligné : Vous savez exactement qui vous êtes et vous savez que vous méritez l'amour.

Désaligné : Ne se sent pas digne d'amour ou a l'impression de ne pas savoir qui il est : Ne se sent pas digne d'être aimé ou a l'impression de ne pas savoir qui il est.

CENTRE G NON DÉFINI

Alignée : Se laisse porter par le courant et s'entoure de choses à haute vibration.

Désaligné : Essayer de trouver une identité unique.

CENTRE COEUR/EGO

Le thème du centre du cœur est la valeur et la volonté.

CŒUR DÉFINI

Aligné : A de la volonté, comprend la valeur de lui-même et de l'argent.

Désaligné : N'utilise pas sa volonté et est flamboyant avec l'argent : N'utilise pas sa volonté et est flamboyant avec l'argent parce qu'il a un sens exagéré de sa valeur.

CŒUR NON DÉFINI

Aligné : Réaliser qu'il n'a rien à prouver.

Désaligné : Essayer constamment de faire ses preuves, de prouver sa valeur.

CENTRE SACRAL
Le thème du Sacral est l'énergie et la reproduction.

SACRAL DÉFINI
<u>Aligné</u> : Utiliser son énergie infinie pour travailler sur des choses qu'il aime.

<u>Désaligné</u> : Essayer de se forcer à terminer des choses qui ne l'enthousiasment pas, ce qui entraîne un épuisement professionnel.

SACRAL NON DÉFINI
<u>Aligné</u> : Se reposer fréquemment, faire des pauses

<u>Désaligné</u> : Essayer d'agir comme un générateur

CENTRE PLEXUS SOLAIRE
Le thème du plexus solaire est celui des émotions.

PLEXUS SOLAIRE DÉFINI
<u>Aligné</u> : Attendre les vagues d'émotions pour prendre une décision.

<u>Désaligné</u> : Essayer de prendre des décisions spontanées

PLEXUS SOLAIRE NON DÉFINI
<u>Aligné</u> : Laisser passer les émotions et ne pas essayer de les comprendre

<u>Désaligné</u> : Essayer de traiter chaque émotion qui passe.

CENTRE SPLÉNIQUE
Le thème du centre Splénique est la survie et l'intuition.

SPLÉNIQUE DÉFINI
<u>Alignée</u> : Suivre son intuition

<u>Désalignée</u> : Ignorer son intuition

SPLÉNIQUE NON DÉFINI
<u>Aligné</u> : Utiliser d'autres moyens pour décider ce qui est le mieux au lieu de se fier à son intuition

<u>Désalignée</u> : Essayer d'agir sur chaque parcelle d'intuition

CENTRE RACINE

Le thème du centre Racine est la pression exercée pour faire avancer les choses.

RACINE DÉFINIE

<u>Alignée</u> : Faire les choses quand on sent la pression, et se détendre entre les deux.

<u>Désaligné</u> : Faire les choses même si l'on ne ressent pas la pression de le faire, et se détendre entre les deux : Essayer de faire les choses même si l'on ne ressent pas la pression de les faire.

RACINE NON DÉFINIE

<u>Aligné</u> : Accepter que vous ressentirez toujours la pression de faire les choses, même lorsqu'il n'y a rien à faire, et fixer des moments spécifiques pour vous détacher du travail ou de vos projets et vous détendre.

<u>Désaligné</u> : Agir sous l'effet de la pression et être toujours pressé de s'en débarrasser.

VOTRE OUTIL D'INTÉGRATION

Guide & Workbook de Déconditionnement

Comprendre vos centres est une première étape essentielle pour mieux naviguer dans votre vie selon votre Design. Mais la véritable transformation s'opère lorsque vous engagez un processus conscient de déconditionnement.

Afin de vous accompagner dans cette démarche profonde, je suis heureuse de vous offrir ce **Guide & Workbook de Déconditionnement**, conçu pour vous aider à :

- Identifier les zones de conditionnement dans vos centres non définis.
- Mettre en lumière les schémas de comportements limitants.
- Appliquer des outils concrets pour revenir à votre essence et vivre plus aligné(e) avec votre propre nature.

Ce carnet d'exploration est à la fois un espace de réflexion et un compagnon de route pour renforcer votre autonomie et approfondir votre cheminement avec le Design Humain.

Scannez le QR Code ci-dessous pour télécharger gratuitement votre Guide et commencez dès aujourd'hui à intégrer ce que vous avez découvert à travers ce tome.

HD Déconditionnement

REMERCIEMENTS

À nouveau, je ressens une immense gratitude envers la vie et l'intelligence subtile de l'univers qui m'ont conduite sur ce chemin du Design Humain. Explorer la profondeur des centres a été une révélation, et c'est avec humilité que je transmets aujourd'hui ces enseignements qui, je l'espère, vous accompagneront dans votre quête d'alignement.

Je remercie du fond du cœur ma famille – notamment mes trois garçons – qui sont toujours à mes côtés, véritables racines de mon engagement et de mon épanouissement. Merci pour votre patience, votre amour inconditionnel et votre soutien dans cette aventure d'écriture et de transmission.

À mes formateurs et mentors en Human Design, qui continuent de nourrir ma pratique par leur savoir et leur présence inspirante, je vous adresse ma gratitude sincère pour m'avoir permis de voir toujours plus loin et plus juste.

Et enfin, à vous, chers lecteurs. Votre présence et votre engagement envers votre propre découverte intérieure donnent un véritable sens à ce travail. Que ces pages soient pour vous un catalyseur d'éveil et d'autonomie.

C'est avec tout mon cœur que je vous remercie de m'avoir permis de contribuer, à ma manière, à la lumière que vous portez en vous.

Avec gratitude et reconnaissance,
Sandrine Calmel

TABLE DES MATIÈRES

DU MÊME AUTEUR	2
Découvrez le pouvoir du Human Design et alignez-vous avec votre véritable essence.	3
SANDRINE CALMEL	4
PRÉFACE	6
AVANT PROPOS	7
INTRODUCTION	9
LES 9 CENTRES	13
Comprendre la dynamique des Centres dans le Human Design	14
Qu'est-ce qu'un Centre énergétique ?	14
Centres définis vs Centres non définis : Stabilité et sensibilité	16
Les 5 familles de Centres : Une classification énergétique	18
Définitions et Influence des Centres	20
Les 9 Centres du Human Design	21
Le CENTRE DE LA COURONNE (Tête) :	21
Le CENTRE AJNA	31
LE CENTRE DE LA GORGE	40
LE CENTRE G	50
LE CENTRE COEUR	59
LE CENTRE SACRAL	67
LE CENTRE RACINE	74
LE CENTRE SPLÉNIQUE	82
Le Centre du Plexus Solaire	88
La dynamique entre tous les centres	94
LES DÉFINITIONS	97
Les Quatre Principes Fondamentaux de la Définition	99
La force vitale naît de la juxtaposition	99
Une porte seule est inanimée	100
La définition est toujours fixe et fiable	100
La définition permet la différenciation	101
Les types de Définition dans le Design Humain	101
La Définition Simple (Single Definition)	102
La Définition Double (Split Definition)	102

La Définition Triple (Triple Split Definition)	103
La Définition Quadruple (Quadruple Split Definition)	104
Absence de Définition (Réflecteurs)	105
Définition, Aura et Autorité Intérieure : La Trinité fondamentale	**106**
La Définition : l'architecture énergétique stable	106
L'Aura : le champ d'influence extérieure	106
L'Autorité intérieure : la boussole décisionnelle	107
Définition et Relations : L'Alchimie énergétique entre les êtres	**108**
La dynamique du "Pont énergétique"	108
Définition simple et autonomie relationnelle	111
Le rôle de l'environnement pour les splits	112

LES CIRCUITS — 117

Le Circuit Collectif — 119
Caractéristiques des circuits collectifs	119
Les deux circuits du collectif	120
Stratégies pour les circuits collectifs	123

Le Circuit Individuel — 124
Caractéristiques des circuits individuels	124
Les trois composants du circuit individuel	125
Impact et stratégies	126
Les canaux clés du circuit individuel	126

Le Circuit Tribal — 131
Caractéristique des circuits tribaux	132
Les deux circuits tribaux	132
Stratégies pour les circuits tribaux	134

Applications pratiques — 136
Comment lire et interpréter un schéma corporel ?	136
Identifier les circuits majeurs dans son propre design	138
L'impact des centres définis et ouverts dans les relations	139

LES CANAUX — 145

Comprendre les canaux et leurs rôles — 147
Les canaux, axes de la force vitale	147
Les canaux, créateurs de thématiques de vie	147
Canaux et mécanique décisionnelle	148

Canaux moteurs, projecteurs et transformateurs expliqués — 148
Les canaux moteurs	148

Les canaux projecteurs	149
Les canaux transformateurs	150
L'impact des canaux sur les relations et le travail	151
Canaux et dynamique relationnelle	151
Canaux et posture professionnelle	152
Canaux et mission de vie	153
Les Ponts Électromagnétiques	**159**
Comment fonctionnent les connexions dites électromagnétiques ?	160
L'impact des ponts électromagnétiques dans les relations et le travail	162
Les ponts : un potentiel d'évolution… mais aussi de vigilance	164
CONCLUSION	167
ANNEXES	168
REMERCIEMENTS	173
TABLE DES MATIÈRES	175